Sax-Führer

Colditz

Rudolf Priemer
Wolfgang Stadler

W0188716

Sax-Verlag Beucha

Bildmotive des Schutzumschlages:

Vorderseite: Rathausuhr; Blick über die Zwickauer Mulde
  auf Stadt und Schloß Colditz
Rückseite: Gleitschirmfliegen vom Töpelsberg ins Auenbach-
  und Muldental, im Hintergrund der Lastauer Burgberg
Vordere Klappe: Rathaus und Markt-Ostseite;
  Nikolai- oder Friedhofskirche; Schloßtor-Durchsichten
Hintere Klappe: Colditzer Heimatturm; Muldenvereinigung
  bei Sermuth; Renaissanceschloß Podelwitz

Die Deutsche Bibliothek - CIP-Einheitsaufnahme

Priemer, Rudolf:
Colditz / Rudolf Priemer ; Wolfgang Stadler. [Zeichn.:
Manfred Wagner]. - 1. Aufl. - Beucha : Sax-Verl., 1993
  (Sax-Führer)
  ISBN 3-9802997-7-5
NE: Stadler, Wolfgang:

ISBN 3-9802997-7-5

1.Auflage 1993
Alle Rechte vorbehalten
© Sax-Verlag Beucha, 1993
Zeichnungen: Prof. Dr. Manfred Wagner, Dresden
Kartographie: Karl-Heinz Barnekow, Leipzig
Gestaltung: Dietmar Senf, Leipzig
Fotografien: Wolfgang Stadler (AFIAP), Colditz
Printed in Germany

Inhalt

Kennst Du die Stadt?

Mit einer Perle besonderen Glanzes verglich 1926 ein Heimatfreund überschwenglich die Stadt Colditz: Heute sieht man es realistischer. Und dies nicht nur, weil Colditz nicht mehr das frühere Colditz ist. Am historischen Stadtkern nagt der Zahn der Zeit. Seit Jahrhunderten schon. Jede Generation stand immer wieder vor der Frage des Erhaltens der alten Substanz oder des Niederreißens und modernen Wiederaufbaues. Der Verfall griff besonders in den vergangenen vier Jahrzehnten um sich. ,,Klein-Venedig" am Mühlgraben beispielsweise ist nicht mehr.

Aber schön ist die Stadt dennoch, wie sie eingebettet in das Erzgebirgsvorland liegt, durch Schloß, Wald und Keramik bekannt geworden. Terrassenartig streben die Häuser vom Talkessel aus an den Hängen empor. Bahnlinie und Promenade folgen dem Muldenlauf.

Man nimmt an, daß der im Südosten des Gaues Chutizi gelegene Ort im 7. Jahrhundert als slawisches Fischerdorf entstanden ist. 1046 wird erstmals ein deutscher Burgward Colditz, 1207 schon eine Muldenbrücke und 1265 der Ort als civitas (d.h. Stadt) erwähnt.

Von wo aus man Colditz auch immer erreicht: Stets steht das Schloß zuerst und dominant im Blickfeld. Unter den Staufern war es eine starke Reichsburg im Pleißenland, später Sitz der an der unteren Zwickauer Mulde zur Territorialherrschaft aufsteigenden Herren von Colditz. Diese verkauften Burg und Stadt 1404 an die Wettiner, die das heutige Renaissanceschloß bauen ließen und als Witwensitz wie Jagdaufenthalt nahe dem Tiergarten nutzten. Über die Landesgrenzen hinaus bekannt, vor allem in England, wurde das Schloß als Kriegsgefangenenlager für alliierte Offiziere während des zweiten Weltkrieges.

Herzstück der Stadt ist der Markt. Bislang konnte sein spätmittelalterliches Gepräge fast erhalten werden. Vom Platz aus führen mehrere Straßen und Gassen in alle Richtungen; zumeist sind sie schmal, holprig und verwinkelt. Aber gerade das charakterisiert die über 700jährige

Stadt. Sie beherbergt gegenwärtig rund 6500 Einwohner, insgesamt fleißige, freundliche und auch ein paar andere Leute. Die meisten sind mit jenen sächsischen Spracheigenschaften ausgestattet, die bisweilen belächelt werden. Aber die echten Colditzer stört das wenig. So schrieb anläßlich des 2. Heimatfestes 1926 ein Einheimischer namens Pönigk (ein Pseudonym?) nachstehende Zeilen in der ortstypischen Umgangssprache, die in die Nordmeißnische Mundartlandschaft eingeordnet wird:

,,Kennst Du den Fleck so wunderscheene,
Wo's wie im Baradiese sprießt?
Kennst Du die Schtadt wohl, die ich meene,
's is Colditz, wo de Mulde fließt.

Schon wenn mersch siehd ze Fießen liegen,
Zum Beischpiel ohm vom Hartensteen,
Da mecht mer Fliegel ham zum Fliegen
Mer fängt vor Wehmut an ze wee'n.

Ach fänd ich Worte, dich zu breisen,
O Vaterschtadt, so wunderscheen,
Doch muß ich jetzd mei Loblied schleißen,
Un wärsch nich globd, ganns selber sähn!"

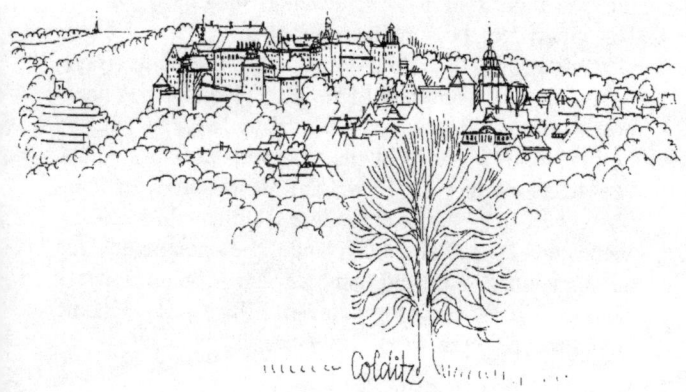

Entlang der alten Poststraße

Die meisten Besucher erreichen Colditz auf der B 107 aus Richtung Leipzig–Grimma. Fast den gleichen Weg nahm 1698 erstmals die „ordinaire Post", ein pferdewagenähnliches Gespann, das zweimal wöchentlich zwischen dem Sitz der kurfürstlichen Postverwaltung Leipzig und der Bergstadt Freiberg Briefe und Pakete beförderte. Die Straße führte den Berg hinab über die damalige Holzbrücke zur Badergasse, wo die Pferde gewechselt wurden. Von da aus ging es den Baderberg hinauf, weiter durch das Badertor, über den Markt, die Töpfergasse zur Stadt hinaus, zunächst bis Waldheim. Dort gab es den nächsten Pferdewechsel.

Färberberg. In der Nähe der Anhöhe trockneten die Leineweber ihre gefärbten Stoffe, da sie sonst die Einwohner mit giftigen Farbausdünstungen belastet hätten. Eine richtige Siedlung entstand hier oben erst 1934/35. Doch genau genommen gab es schon wesentlich früher eine solche, allerdings ungefähr einen Kilometer weiter westlich, am Zschetzscher Berg, unweit des „Mittleren Rauschenbuschs". Die Chronik erwähnt ein Dorf Kossitz (Koßwitz), das dort einmal bestande habe. Möglicherweise ist es durch Kriegshandlungen wüst geworden, oder die Bewohner sind in die schützende Stadt gezogen.
Das Stadtareal beginnt hier mit dem 1993 errichteten Gewerbegebiet, der „Agip-Tankstelle" und dem „Hagebaumarkt". Von der im Flurteil „Eule" liegenden Pappen- und Kartonagenfabrik aus dem Jahre 1894 ist von der Leipziger Straße aus nicht viel zu sehen; der Backsteinbau versteckt sich in einer Senke am Muldenufer. Stadteinwärts trifft man auf zwei weitere Colditzer Industriebetriebe und auf das Bahnhofsgelände. Die zwei viereckigen Schornsteine linkerhand gehören zur „Steinzeugwerk Colditz GmbH", rechts produzierte bis April 1993 die „Colditzer Kompressoren GmbH".

Bahnhofstraße. Sie war ursprünglich ein Teil der Leipziger Straße, deren Wegeführung für den Bau der Gleisanlagen verlegt werden mußte. Die Eröffnung der Muldentalbahn 1875 veränderte das Leben in der Stadt vor allem in wirtschaftlicher Hinsicht. Fast jeder Bürger hatte Nutzen davon. Nach Leipzig konnte man nun direkt fahren, und wenn man in Großbothen umstieg, auch bequem nach Dresden gelangen. Die Gleisanlagen und der Bahnhof selbst sind natürlich im Laufe der Zeiten oft erweitert und verändert worden.

Tritt man aus dem historischen Bahnhof, überrascht frontal das Doppelgebäude eines Einkaufsmarktes (1991 errichtet). Es fügt sich aber in die Stadt und Landschaft ein. Am jenseitigen Muldenufer liegen der Hainberg, ehemalige Weinberge und aufgelassene Steinbrüche. Der anstehende Rochlitzer Quarzporphyr, der zu Ton verwitterte, bildete die Grundlage einer bodenständigen Industrie. Der Colditzer Keramik begegnet man tatsächlich auf Schritt und Tritt, denn viele Fußwege sind mit Klinkern belegt, die früher in einem der beiden hiesigen Steinzeugwerke hergestellt wurden.

Geht man auf die Innenstadt zu, kommen erstmals die Wahrzeichen der Stadt ins Blickfeld: Schloß und Kirche. Dann ziehen links villenartige Häuser die Blicke auf sich. Dabei bleibt oft das Jugendstilhaus Nr. 25 auf der rechten Straßenseite unbemerkt. Hingegen ist der hohe, 1930 gebaute Speicher am Bahnübergang unübersehbar. Das große, mit Klinkersteinen verblendete Eckgebäude an der Kreuzung läßt noch manches von seiner einstigen Schönheit ahnen. Viele wertvolle Details gingen leider durch unterlassene Instandhaltung verloren.

Ein wenig abseits liegt der Forsthof, dessen Kern aus dem 16. Jahrhundert stammt. Bevor das Forstamt an den Waldrand (Lausicker Straße) verlegt wurde, befand es sich hier. Wir gehen in Richtung Muldenbrücke weiter, vorbei am ehemaligen Rentamt. Die Außenfront trägt Kursachsens Wappen mit der Jahreszahl 1799. Im Hof unter prächtigen Kastanien sind noch Reste eines Brunnens zu sehen. Von der Anhöhe des Lausicker Fußweges wurde das Wasser in Holzröhren hierher geleitet.

Muldenbrücke. Die kaiserliche Gewalt des 12. Jahrhunderts benötigte feste Stützpunkte, um das pleißnische Reichsterritorium zwischen Altenburg, Zwickau, Chemnitz und Leisnig gegen die expandierenden wettinischen Markgrafen zu sichern. Sie schuf sich ein System von Reichsburgen, zu dem auch Colditz gehörte. Dabei erlangte die 1207 erwähnte Brücke eine außerordentliche Bedeutung. Zwischen Burg und Muldenübergang bildete sich eine Siedlung (Suburbium). Sie wurde von Leuten bewohnt, die der Burg dienten oder für sie arbeiteten (Handwerker, Händler, Dienstmannen, Gesinde).

Wiederholt zerstörten verheerende Hochwasser die Muldenbrücken. Mehr als 30 Überflutungen vermerkt die Chronik ab 1306. Das schlimmste Hochwasser trat zweifellos im Jahre 1858 ein. Die Fluten der Zwickauer Mulde rissen mehrere Häuser fort. Weitere Gebäude wurden derart unterspült, daß sie anschließend abgetragen werden mußten. Große Schäden, wenngleich auch nicht in diesem Ausmaß, entstanden während der Überflutungen in den Jahren 1932, 1954 und 1974.

Während des Herbstfeldzuges 1813 steckten französische Soldaten die hölzerne Brücke in Brand. 1824 wurde eine neue erbaut. Auf zwei steinernen Pfeilern ruhten aber noch immer traditionell verzimmerte Holzträgerwerke. Erst mit dem Bau im Jahre 1884 erhielt die Brücke eine dauerhafte Konstruktion von genieteten Stahlsegmentbögen. 1932/33 entstand die heutige Stahlbetonbrücke, die auf Betonpfeilern ruht. Kurz vor Kriegsende versuchten fanatische Wehrmachtsangehörige durch Sprengung des Flußübergangs den Vormarsch der Alliierten aufzuhalten. Der Sprengsatz riß ein Loch in die Brücke, das danach, so gut es ging, zubetoniert wurde. Die 1992/93 durchgeführte Sanierung war überfällig. Sie wird aber dem wachsenden Verkehr nur bedingt genügen.

Badergasse. Sobald man die große Muldenbrücke passiert hat (sie hieß einst „die Lange Brücke"), öffnet sich geradewegs die Badergasse. Schon 1189 hatten die Bewohner dieser Straße den Pfefferzins zu entrichten, was damals für Orte an Königshöfen und Reichsburgen üblich war und auf einen durch Colditz gehenden Fernhandel schließen läßt. Anders war das rare, teure Gewürz für königliche Mahlzeiten nicht zu beschaffen. Den Grund für die Benennung des Verkehrsweges gab zweifellos die Baderei (später Ratsbaderei). Sie war im 15./16. Jahrhundert ein beliebter Treffpunkt für die Einwohner. Der Bader (es gab immer nur einen!) besaß auch das Recht des Bartscherens und des Haarschneidens. Er nahm sogar Wundbehandlungen, Zahnziehen und Aderlaß vor.

Im Roßhof, hinter dem früheren „Gasthof zum braunen Roß" (jetzt Nr. 22), fand der Pferdehandel statt. Über dem ehemaligen Gasthofeingang weist ein springendes Pferd auf dem Schlußstein aus Porphyrtuff darauf hin. Nach 1871 entstand eine Reihe neuer Häuser, ohne Brandmauer einfach aneinander gebaut.

Die Badergasse war vor dem zweiten Weltkrieg mit ihren 34 Geschäften die dominierende Einkaufsstraße der Stadt. Nach fortschreitendem Gebäudeverfall und Abriß in den letzten Jahrzehnten ist hier 1993 die Baulückenschließung vollzogen worden. Im Betriebsgelände der erloschenen „Steingutfabrik Thomsberger & Hermann" (Nr. 1b) etablierte sich „E. A. Müller-Furnituren".

Baderberg. Er war eigentlich jederzeit ein Engpaß für den Verkehr. Allein die Steigung verursachte früher den Frachtwagen erhebliche Schwierigkeiten. Und das auf halber Höhe befindliche enge Stadttor (Badertor) bedeutete für die mitunter sechs- bis achtspännigen Fuhrwerke ein zusätzliches Hindernis. Sämtliche Stadttore waren zu Anfang des 19. Jahrhunderts mehr oder weniger baufällig, so daß ihr Abriß 1823/24 zwangsläufig geschah. Die Ansatzstelle des Badertores ist noch gut sichtbar. Ein Verkehrshindernis ist der Baderberg trotzdem bis auf den heutigen Tag geblieben, insbesondere für die überdimensionalen Lieferfahrzeuge. Auch die Fußgänger auf den hier extrem schmalen Bürgersteigen sind nach gefahrvollen Konfrontationen froh, „wenn sie übern Berg sind". Die Verlegung einiger Unternehmen an den Stadtrand wären erste Maßnahmen, die Innenstadt vom Fahrzeugverkehr zu entlasten. Die Restaurierung der desolaten

Gebäude bis hinauf zum Markt dürfte eines der kompliziertesten Sanierungsvorhaben in der Altstadt werden.
Im Haus Nr. 6 der hochgelegenen ,,Heiste" (Rampe, zum besseren Warenumschlag angelegt) übernachtete im April 1642 General Piccolomini. Er war einer von Wallensteins Vertrauten, paktierte aber mit dem Kaiser und trug so zu Wallensteins Ermordung bei.

Töpfergasse. Wegen der Gefährlichkeit der Brennöfen durften sich die Töpfer nur außerhalb der Stadtmauer, vor dem Töpfertor, ansiedeln. Ihre bescheidenen Behausungen waren Wohnungen und Werkstätten zugleich. Trotz nahegelegener reicher Tonvorkommen entwickelte sich das Töpferhandwerk aber nicht sonderlich. Es befriedigte lediglich den Bedarf der Einwohner von Colditz und Umgebung. Dennoch wurde eine Straße nach den Töpfern benannt. Auch wies ihnen das Amt einen eigenen Platz zu (den Topfmarkt), wo sie ihre irdenen Erzeugnisse zum Kauf anbieten konnten. Die Colditzer Töpferinnung wurde verhältnismäßig spät, erst 1796, bestätigt, zu einer Zeit, da sich dieses Handwerk bereits im Niedergang befand. Schon acht Jahre später begann in Colditz die industrielle keramische Fertigungsweise durch die ,,Steingutfabrik Thomsberger & Hermann".
Leider sind nur wenige Gefäße (im Städtischen Museum) aus der Colditzer ,,Töpferzeit" erhalten geblieben, bauliche Zeugnisse der früheren Töpfereien gar nicht. Wohl aber ist im Grundstück Nr. 31 eine Seltenheit zu bewundern: ein Ziegelzaun. Die Formziegel sind vielleicht in einem der beiden Steinzeugwerke um 1900 gefertigt worden. Beachtenswert auch: das Rundbogenportal mit Sitznischen und der Jahreszahl 1614 am Haus der Bücherstube wie die einfachen Ständerfachwerke an den Gebäuden Nr. 8 und Nr. 20. Die Säulen und Riegel sind kräftig bemessen und vermitteln einen Eindruck von dem alten Stadtbild, das seit dem 16./17. Jahrhundert zweistöckige Häuser mit Fachwerkobergeschossen bestimmten. Bis zur Mitte des 19. Jahrhunderts waren Schiefer- und Strohdeckungen der Dächer vorherrschend. Erst vor 100 Jahren begann ein allgemeines massives Bauen.

Die Quergasse führt zum Sophienplatz. Im ,,Durchgang" schützt eine Teerdecke darunterliegendes historisches Holzpflaster. Bis Mitte der dreißiger Jahre hatte sich die Töpfergasse zu einer pulsierenden Geschäftsstraße entwickelt. Es gab ein Restaurant ,,Deutsches Haus" (Nr. 11) und etwa 30 kleine Geschäfte und Gewerbetreibende. Nach der Wende im Herbst 1989 etablierten sich entlang der etwa 200 m langen Straße 20 verschiedene Unternehmen, unter ihnen einer der beiden in Colditz tätigen Schuhmacher, von denen es noch im Jahre 1930 immerhin 25 gegeben hat! Im früheren Amtsgerichtsgebäude (Nr. 4) sind Städtische Bücherei, Seniorenklub und Dezernate der Stadtverwaltung untergebracht.

Die alte Poststraße führte von der Töpfergasse weiter die Dresdener Straße hinauf, am Galgenberg vorbei durch die Dörfer Terpitzsch, Zollwitz, Hausdorf über Hartha, Waldheim, Nossen, Freiberg nach Dresden.

Der Stadtkern

Rathaus/Stadtwappen. Im allgemeinen ist das Rathaus das traditionelle, repräsentative Gebäude eines Ortes, am Marktplatz gelegen, in dem das städtische Amt seinen Sitz hat. Auch in Colditz ist das schon von altersher so. In den ,,Willküren" von 1431 ist festgelegt, welche Rechte und Pflichten einst den Bürgern oblagen. Aus jenen Statuten geht u.a. hervor, daß die Bürger jedes Jahr nach Weihnachten den Bürgermeister ehrenhalber sowie Vertreter der vier Vorstädte zu wählen hatten. 1652 gab es acht Viertelsmänner, 1688 schon 24, was sich aus der wachsenden Wirtschaft erklärt. Die Stadt wurde, trotz Wettiner-Herrschaft, selbst feudaler Grundbesitzer: 1492 kaufte sie das Dorf Leupahn, 1543 Möseln. 1514 erlangte Colditz die Schriftsässigkeit. Das bedeutete, daß die Stadt auch direkt mit der Hofkanzlei korrespondieren konnte. 1557 erwarb sie die Obergerichtsbarkeit, die u.a. den Vollzug von Todesstrafen (nach Konsultation der Leipziger Juristenfakultät) ermöglichte.

Das Rathaus befand sich früher im unteren Drittel des Marktplatzes und mag sich kaum von anderen Gebäuden unterschieden haben. Während des großen Stadtbrandes 1504 wurde es ein Raub der Flammen. Von 1537 bis 1540 errichtete man auf Grundmauern von Bürgerhäusern an der Ecke zur Töpfergasse ein neues Rathaus. Auch dessen Aussehen ist unbekannt, denn genau 100 Jahre nach Baubeginn brannten es die Schweden nieder.

Der Wiederaufbau des Rathauses zog sich bis 1657 hin. Wahrscheinlich erhielt es damals den Glockenturm über den Volutengiebeln. Die Belgersche Chronik (1832) vermerkt: „1660. Dem Tuchscherer Martin Heydelbeer wird wegen Ehebruchs auferlegt, daß er zur Strafe die Uhr auf das Rathaus verfertigen lassen muß." Heute noch zieht sie die Blicke auf sich, besonders zu jeder vollen Stunde, wenn sich die vergoldeten Ziegenböcke aufrichten und klangvoll gegeneinanderstoßen. Der Zeitmesser wurde im Laufe der Zeiten mehrfach verändert. Auch der Eingang zum Haus. Ursprünglich führten Stufen direkt zum Portal. 1888 errichtete man einen (später überdachten) Altan. Während der Restaurierung von 1935/36 wurde mit einer großen Freitreppe wieder ein direkter Zugang geschaffen und bei dieser Gelegenheit das alte Portal durch eine Kopie ersetzt. 1964 entstand der jetzige Treppenaufgang von der linken Seite her.

Einst befand sich an der Außenwand des Rathauses unter der Fensterreihe des ersten Stockwerks ein Zierstreifen mit ornamentalen, historisierenden Malereien. Leider ist er (1935?) übertüncht und danach nicht wieder erneuert worden. Beliebt war bis in jene Zeit die Gaststätte „Ratskeller". Das Rathaus besitzt schöne Zellen- und Gratnetzgewölbe und einen festlichen Ratssaal mit tiefen Nischen, Säulen, Kragsteinen aus Porphyrtuff.

Den Mittelpunkt des Colditzer Stadtwappens bildet eine silberne Stadtmauer mit offenem Tor und drei Türmen im roten Feld, die damals üblichen Symbole einer wehrhaften, dem Handel offenen sächsischen Stadt. Innerhalb des Schildträgers befinden sich aber noch drei weitere Wappen. Am rechten Turm handelt es sich um das erste Colditzer Wappen: das der Herren von Colditz. In der Mitte geteilt, zeigt es oben auf goldenem Grund einen schwarzen halben Löwen, im unteren, silbernen Feld drei rote Schrägbalken. Vermutlich sind aus den Streifen später die Farben der Stadtfahne, rot-weiß, hervorgegangen. Der linke Turm ist mit dem Wappen der Altenburger Burggrafen belegt: eine rote Rose auf silbernem Grund, Zeichen der Zugehörigkeit zum Pleißenland. Mit der Einbeziehung dieser beiden Wappen wurde den führenden Adelsgeschlechtern, die an der Erhebung des Ortes zur Stadt maßgeblich mitgewirkt haben, eine Reverenz erwiesen. Eine weitere ,,Zutat" erhielt das Colditzer Stadtwappen im Jahre 1404, als Schloß und Stadt mit allem Zubehör von den Herren von Colditz an die Wettiner verkauft werden mußten. Damals ordnete man über dem mittleren Turm das markmeißnische Wappen an: einen schwarzen Löwen auf goldenem Grund.

Markt. In der ersten Hälfte des 13. Jahrhunderts etwa, als Colditz von den reichsministerialischen Burgherren das Stadtrecht erhielt, dürfte der Markt entstanden sein.

Colditz
Rathaus

An dem langgestreckten Platz lagen 25 Hausgrundstücke, die privilegierten (brauberechtigten) Bürgern gehörten. Dies war zunächst die ganze Stadt. Bis zur ersten Ummauerung kamen in angrenzenden Gassen nochmals 30 Häuser hinzu. Nach der Erhebung des Ortes zur Stadt (1265 erwähnt), die kaum mehr als 300 Einwohner zählte, stellten sich vermehrt Handwerker ein. Die Fernkaufleute der ersten Handelsniederlassung um die Nikolaikirche sind nicht in diese ummauerte Siedlung einbezogen worden.

Hier auf dem Markt wurden Feste gefeiert, aber auch Urteile vollstreckt. Händler boten während der Wochen-, Vieh- und Jahrmärkte ihre Waren zum Kauf an. Er erhielt sein Pflaster, lange bevor andere Straßen befestigt wurden. Das gesamte Marktensemble steht unter Denkmalschutz. Die Gebäude, im Laufe der Zeit mehrfach erneuert und überbaut, enthalten in den Erdgeschossen zumeist Geschäfte. Im Blickpunkt steht natürlich das Rathaus, alle Häuser überragend. Nicht minder interessant, weil asymmetrisch gebaut, ist die Apotheke. Hingegen fügt sich das 1969 ,,eingearbeitete" moderne Haus Nr. 4 absolut nicht in das historische Marktbild ein. Im Porphyr-Rundbogenportal der ,,Volksbank" symbolisiert der Schlußstein Bienenfleiß. Das Gebäude, 1938 neu gebaut, (ver)birgt im Obergeschoß eine interessante architektonische Ausgestaltung im Kunststil jener Zeit.

Die Gaststätte ,,Schloßcafé", mehrfach umgebaut, wurde mit ihren aufgesetzten Frontspießen um 1560 errichtet. Unweit des Eingangs befand sich der untere Marktbrunnen. Die Inschrift über der Tür der ,,Brauerei Colditz GmbH" mit der Jahreszahl 1594 lautet: ,,Das Haus steht in Gottes Hand, Anton Britner ist der Wirt genannt". Sehenswert ist die Konstruktion des Dachstuhls.

Das Haus Nr. 13 weist einen prachtvollen Renaissancegiebel auf. Es könnte um 1660 entstanden sein. Im Porzellangeschäft sind schöne Gratnetzgewölbe und im Garten hinter dem Haus Reste eines in die Stadtmauer eingebauten Wehrturmes zu sehen. Dabei handelt es sich um einen nach innen offenen sogenannten Schalenturm.

Obwohl Nr. 16 wegen der großen Fenster einen neuzeitlichen Eindruck hinterläßt, ist das Gebäude nicht jünger als die anderen Häuser. Hier hielten im Mai 1813 die Feldmarschälle Blücher und Yorck Kriegsrat. Beliebt als Treffpunkt, vor allem für Stammkunden, ist das „Marktstübl", vormals „Kästners Weinstube" (Nr. 20).

Viel Sorge bereitet die Erhaltung des hohen Renaissancegiebels von Nr. 21, dem ehemaligen Kanzleihaus. Im Jahre 1602 hat es der Wittenberger Jurist Benedict Carpzov bezogen, den Kurfürstin Sophie von Sachsen zu ihrem Kanzler berief. Mit seinem, von neun Söhnen weitergetragenen Namen verbindet sich eine über das ganze 17. Jahrhundert hin auf vielen Lehrstühlen der Theologischen und Juristischen Fakultäten Leipzigs wie Wittenbergs tonangebende Gelehrtendynastie. Eine reichsweite Autorität im Strafrecht der Zeit wurde sein in Colditz aufgewachsener gleichnamiger Sohn (Benedikt II) aus erster Ehe. Als Senior des Leipziger Schöppenstuhls, der obersten sächsischen Gerichtsbehörde, von 1633 bis zu seinem Tode 1666 hat er durch Rechtsgutachten zu vielen Todesurteilen, insbesondere Hexenverbrennungen, beigetragen. Aus zweiter Ehe ist dem Kanzler hier 1612 der in Colditz bekanntere August Carpzov geboren worden, der beim Westfälischen Friedensschluß 1648 Sachsen-Altenburg

Colditz
Markt

vertreten hat. Ab 1651 war er dann Kanzler und Konsisto-
rialpräsident zu Coburg, wo er 1683 verstorben ist.
Im Gebäude gegenüber (Nr. 22) befand sich früher das
,,Gasthaus zum weißen Haus". Vor der Sparkasse stand
bis 1915 der obere Marktbrunnen. Er und andere Stadt-
brunnen in den höher gelegenen Stadtteilen erhielten das
durch hölzerne Röhrfahrten geleitetete Wasser aus dem
Quellgebiet der Viehweide am Tiergarten.
Im ,,Park" neben dem Rathaus präsentierte sich noch bis
1961 der um 1500 erbaute älteste Colditzer Gasthof, das
,,Goldene Kreuz". Sein übereilter Abriß (mit dem Ge-
schäft ,,Schokoladen-Richter") wirbelte in der Stadt im
doppelten Sinne beträchtlichen Staub auf. Ein wertvolles
Porphyrportal mit der Jahreszahl 1555 und ein reichge-
gliederter Fensterbogen gingen einige Jahre nach dem
Abbruch infolge nachlässiger Verwahrung verloren.

Untermarkt/Sophienplatz. Der Untermarkt ist aus der
Nikolaivorstadt hervorgegangen. Aber erst um 1830 war
der heute dreieckige Platz bebaut. In dieser Zeit ,,öffnete"
sich die Stadt in mehrfacher Hinsicht. Die Stadttore und
Teile der Stadtmauer wurden abgebrochen. Endlich erfolgte auch die längst fällig gewordene Gleichstellung der
Vorstädter, indem sie die Stadtrechte erhielten.
Neben der ,,Gaststätte zur Post" fällt ein verschiefertes
Giebelhaus mit spätmittelalterlichem Charakter, einem
schönen Portal und der Jahreszahl 1564 auf. Es steht mit
dem Giebel zur Straße und hat die ,,Firstschwenkung"
des 17. Jahrhunderts nicht mitgemacht. Im Dachstuhl sind
die Balken noch mit ,,Blättern" verbunden, nicht mit den
im 18. Jahrhundert gebräuchlichen ,,Zapfen". Im Hof des
Grundstückes blieb ein bescheidener Rest der Colditzer
Stadtmauer erhalten. Das Gebäude Nr. 2 mit der Jahreszahl 1771 und dem Schlußstein ,,Zirkel und Faß" ließ ein
Böttcher errichten.
Schon von alters her befand sich im Gebäude Nr. 10 eine
Bäckerei. Die eisernen Haspen am großen Fenstergewän-
de erinnern an die Zeit, als die Waren vom Laden aus
einfach durchgereicht wurden. Mit der Jahreszahl 1742 ist
das Handwerkszeichen, eine Brezel aus Rochlitzer Por-

phyrtuff, zu sehen. Das Postamt wurde 1904 errichtet, mit einer imposanten Sandsteinfassade. Leider brach man in den 70er Jahren die beiden Bögen der Toreinfahrt links und rechts des Gebäudes ab.

Folgt man der Schulstraße aufwärts, gelangt man zum Sophienplatz. Die Gebäude stammen größtenteils aus der Gründerzeit. Die Bürgerschule (das jetzige Gymnasium) wurde 1886 errichtet. Vorher befanden sich dort mehrere kleine Häuser. Eines bewohnte der Vater des später berühmt gewordenen Berliner Milieu-Malers Heinrich Zille. Zum Topfmarkt hin fällt ein attraktives Fachwerkhaus mit Andreaskreuzen aus dem 16. Jahrhundert auf. Fischgrätig geschnittene und profilierte Bretter überdecken, einander überlagernd, als ,,Decker'' und ,,Kriecher'' den Raum im Erdgeschoß des Hauses. Balken tragen charakteristische ,,Schiffchenprofile''.

Stadtmauerreste. In die Stadtmauer waren einst fünf Tore eingebaut. An der Ecke Schloßgasse/Tiergartenstraße stand das Schultor, zwischen Rathaus und jetziger ,,Drogerie Thalheim'' das Töpfertor. Am Baderberg befand sich das Badertor, und nur wenige Meter davon entfernt, in der Haingasse, das Haintor. ,,Am Graben'' (beim Untermarkt) schloß das Nikolaitor die südliche Stadtseite ab. Dort, nahe der Brauerei, ist noch der eindrucksvollste Rest der Stadtmauer zu sehen.

Die Herren von Colditz hatten aufgrund ihrer bescheidenen finanziellen Mittel nur eine kleine Fläche als Stadt befestigen lassen. Bereits um 1500 war der schützende Gürtel zu eng geworden. Innerhalb der Mauer standen etwa 60 Häuser, außerhalb schon die doppelte Anzahl.

Den wirtschaftlichen Aufbruch bewirkten die Handwerkervereinigungen. Als erste hatten sich in Colditz die Weber 1459 zu einer Innung zusammengeschlossen, 1511 folgten dann die Schuhmacher, 1571 die Bäcker, 1575 die Fleischhauer und 1586 die Schlosser. Im frühen 16. Jahrhundert wurde die Stadt, einschließlich ihrer Vorstädte, in Viertel aufgeteilt. Von da an vertraten Viertelsmeister und ihre Stellvertreter die Einwohner des gesamten Stadtgebietes beim Rat der Stadt.

Rund um den Schloßberg

Schloß Colditz. Es ist das Wahrzeichen der Stadt. Der mächtige Gebäudekomplex entstand durch Umbau in der Zeit der Renaissance. Doch das Schloß besaß keine solche Bedeutung, wie man bei seinem Anblick vermuten könnte. Gleichwohl ist es bis heute eine der ganz großen Anlagen im sächsischen Raum geblieben.

Im Jahre 1046 wurde erstmals urkundlich ein Burgward Colditz erwähnt. Man nimmt an, daß er sich auf dem gleichen Felssporn befand, auf dem Graf Wiprecht von Groitzsch 1083 eine kleine wehrhafte Burg bauen ließ. Aus staufischem Besitz schlug Friedrich I. (Barbarossa) Colditz 1158 zum Reichsgut Pleißnerland. Der Kaiser setzte auf der Burg einen Dienstmann namens Thimo ein. Mit diesem Reichsministerialen begann die Stammreihe der Herren von Colditz. Sie dienten Friedrichs Plänen beim Aufbau eines pleißenländischen Reichsterritoriums, vor allem, indem sie Einwanderer aus Franken und Thüringen förderten. So entstanden neben den sicherlich von Slawen gegründeten umliegenden Orten Zschetzsch, Thumirnicht, Rüx, Bockwitz, Zollwitz, Kralapp, Lastau usw. nun die Dörfer mit deutschen Namen wie Schönbach, Hohnbach, Thierbaum, Leutenhain, Erlbach, Kaltenborn, Schwarzbach.

Indessen beobachteten Meißner Markgrafen argwöhnisch die wachsende Herrschaft der Colditzer Reichsministerialen, die zu selbständiger Territorialgewalt an der unteren Zwickauer Mulde aufstiegen – im 14. Jahrhundert immerhin über zwei Städte und 51 Ortschaften geboten. Um den wettinischen Zugriff zu vereiteln, trug Thimo VIII. von Colditz im Jahre 1368 seine Herrschaft dem König von Böhmen als Lehen an und stellte sich so unter dessen Schutz. Trotzdem gerieten die Herren von Colditz immer mehr in Schulden und mußten 1404 schließlich doch „veste hus vnd stad, slos Coldicz" den Wettinern verkaufen. Auch danach behielt aber Colditz aufgrund seiner beachtlichen Wirtschaftskraft durchaus Rang und Namen im wettinischen Staatswesen. Auf der Burg saß nun ein markgräflicher, ab 1423 kurfürstlicher Amtmann.

Der Burganlage war kein Glück beschieden. Sie versank 1430 in den Hussitenkriegen in Schutt und Asche. Die erste Aufbauphase leitete 1464 Kurfürst Ernst ein, der Stammvater der ernestinischen Linie des Hauses Wettin, der 1486 hier im Schloß verstarb. Ein Stadtbrand, den 1504 ein Bäckerbursche verursacht hatte, zerstörte die errichteten Gebäude größtenteils. Erst danach begann der eigentliche Aufbau des Schlosses. Bei der Leipziger Hauptteilung des wettinischen Besitzes im Jahre 1485 kamen Colditz und Lausick zur Herrschaft der Wittenberger Ernestiner. Diese mußten nach der Mühlberger Entscheidungsschlacht von 1547 die Kurwürde und große Landesteile, so auch Colditz, an die Dresdner Albertiner abgeben. Kurfürst August ließ die Anlagen zu einem Jagdschloß umgestalten, im Anschluß an den 1523 von Kurfürst Friedrich dem Weisen begonnenen Tiergarten. Historiker erwähnen vergoldete spanische Ledertapeten, Jagdtrophäen, allerlei Decken-Schnitzwerk, Gemälde, eine kurfürstliche Badestube u.a. Mit der künstlerischen Innenausstattung waren Lucas Cranach d.J., der Bildschnitzer Wolfgang Schreckenfuchs und der Regensburger Pankraz Zeller beauftragt worden. Von all dem Inventar ist jetzt nichts mehr zu sehen.

Colditz

Betritt man heute den 1577/91 durch Hans Irmisch und
Peter Kummer d.Ä. erneuerten Schloßkomplex durch das
Torwärterhaus, so ragt unvermittelt der hohe Turm der
Weißenburg mit der interessanten Giebelkrönung empor.
Über der sogenannten zweiten Torfahrt ist ein Doppel-
wappen angebracht: das sächsische und das dänische. Es
erinnert an die Regentschaft des Kurfürsten August und
dessen Ehefrau Anna, die aus Dänemark stammte. An der
Ostseite ist 1864 anstelle von Wirtschaftsgebäuden ein
Flügel im Neorenaissance-Stil errichtet worden.
Sind der erste Hof, der sogenannte Vorhof des Schlosses,
und ein weiterer Torbogen durchschritten, gelangt man
durch den „Flüsterbogen" zum Fürstenhof oder hinteren
Schloß. Im Erdgeschoß befanden sich die Wohnräume der
Kurfürstin und darüber die des Kurfürsten. Als architek-
tonischer Glanzpunkt des Fürstenhofes galt die Schloß-
kirche. Noch heute bemerkenswert: das reichgegliederte,
etwa 1584 entstandene Renaissanceportal aus Rochlitzer
Porphyr. Der figürliche Oberbau aus Sandstein befindet
sich derzeit in der Rekonstruktion. Auch das Innere der
über drei Geschosse reichenden Allerheiligen-Kapelle
bedarf grundlegender Sanierung.

Colditz.
Schloßtor

Schloß Colditz hat wiederholt kurfürstlichen Witwen als Wohnsitz gedient. Bekannt geworden ist Margarethe von Österreich, die 1431 Friedrich II. geheiratet hatte. Da das Schloß zu ihrem Leibgedinge gehörte, ließ sie ab 1456 von Münzmeister Peter Schwabe in Colditz Münzen prägen. Dies war insofern ungewöhnlich, als sie keinerlei Herrschaftsrechte besaß. Von ihrem Bruder, dem deutschen Kaiser Friedrich III., erhielt sie 1463 das Münzmandat. Und so erscheint ihr Name bis 1482 sogar v o r dem ihres Gatten auf Schild-, Schwert-, Horn- und Spitz-Groschen. Die Colditzer Münzstätte existierte bis 1482.

Das Schloß erfuhr 1603 neue Belebung, als die Witwe des jung verstorbenen Kurfürsten Christian I., Sophie von Sachsen, hier ihren Alterssitz nahm. Sie ließ weitere Umbauten vornehmen, förderte Kultur und einige städtische Handwerke, konnte jedoch keinen generellen wirtschaftlichen Aufschwung in ihrer knapp zwei Jahrzehnte währenden Anwesenheit bewirken. Auch August der Starke nicht, der 1694 das Schloß seiner Schwägerin abkaufte. Er war als Prinz einmal hier und ließ sich danach nicht wieder sehen. Das Schloß versank im Dornröschenschlaf. 1787 brachte man wertvolles Inventar nach Dresden.

Colditz
2.Schloßhof

Das Schloß wurde im Jahre 1800 Armenhaus für den damaligen Leipziger Kreis, 1803 Landesarbeitshaus und 1829 die nach dem Pirnaer Sonnenstein zweite sächsische Landesversorgungsanstalt für Geisteskranke. Als Patient befand sich hier u.a. Robert Schumanns Sohn Ludwig von 1871 bis zu seinem Tode 1899. Ebenso Georg Baumgarten, der Erfinder des ersten deutschen lenkbaren Flügelluftschiffes; er ist hier 1884 verstorben.

Den tiefsten Punkt seiner Nutzungsgeschichte erreichte das Schloß in den Jahren 1933/34, als die Nationalsozialisten die Patienten verlegten und hier eines ihrer ersten Konzentrationslager einrichteten. Während des zweiten Weltkrieges diente das Schloß als Kriegsgefangenenlager für alliierte Offiziere. Diese unternahmen von hier über 300 Fluchtversuche; 31 Offizieren glückten sie. Mehrere, von ehemaligen Gefangenen verfaßte Bücher, aber auch Fernsehfilme über ,,The Colditz-Story" sind in vielen Ländern bekannt geworden. – Nach dem Krieg diente das Schloß kurzzeitig als Sammelstelle für Ritterguts- und Großgrundbesitzer, die durch die Bodenreform enteignet und ihres Heimatkreises verwiesen wurden. Seit 1949 wird der Schloßkomplex als Krankenhaus und Altersheim genutzt. Gegenwärtig gibt es Bestrebungen, die wertvollen historischen Gemäuer für Gewerbe- und Touristenzwecke auszubauen.

Egidienkirche. Der Name der Kirche wurde 1286 urkundlich erwähnt und bezieht sich auf St. Aegidius, einen damals sehr verehrten Heiligen. Das ursprüngliche Gebäude steckten die Hussiten 1430 in Brand, und während des Großfeuers 1504 nahm es nochmals großen Schaden. Danach begann man mit umfangreichen Instandsetzungsarbeiten. Aus dieser Zeit stammen die Rippengewölbe und beiden großen alten Glocken. Eine dritte von 1860 mußte während des zweiten Weltkrieges abgegeben werden. An ihrer Stelle erklingt seit 1957 eine neue Bronzeglocke aus der Gießerei Apolda.

Nach der Kirchturmerhöhung des Jahres 1563 erhielt der ,,Türmer" darin seine Wohnung. Neben den üblichen Sonntags- und Festtagsgeläuten hatte er auch jede volle

Stunde „anzuschlagen" und Feuerwache über der Stadt zu halten (bis etwa 1900).

Eine Inschriftentafel im Chor weist auf den Umbau von 1595/96 hin. Eine andere Gedenktafel erinnert an den 1483 in Colditz geborenen Dr. theol. Wenceslaus Linck, Luthers Freund und ersten protestantischen Geistlichen in Altenburg und Nürnberg, der danach in Süddeutschland weiter reformierte. Das Altarbild stammt vermutlich von Zacharias Wehme (um 1598).

1704/07 entstand der charakteristische Treppenturm an der Nordwestseite. Auch später ist die Kirche mehrfachen Veränderungen unterzogen worden, so 1811, 1876 und 1925. Die jetzige Orgel stammt von der bekannten Firma Schmeißer aus Rochlitz und wurde 1876 eingebaut. Chronisten der Colditzer Kirchengemeinde heben besonders das Wirken der Kantoren Finsterbusch, Geißler und Kober hervor, die Bedeutendes auf kirchenmusikalischem Gebiet leisteten.

Im Sommer 1989 fanden in der Egidienkirche – zunächst im kleinen Kreis – Friedensgebete statt. Die Anzahl der Teilnehmer stieg beständig, und Demonstrationen durch die Straßen der Stadt schlossen sich an, die zur Wende der gesellschaftlichen Verhältnisse in der Stadt beitrugen.

Kirchplatz/Köhlerhaus. Der an der Nordseite der Stadtkirche gelegene Kirchplatz mit seinem Holperpflaster wird von einem klassizistischen Bau aus dem Jahre 1810, dem Sitz der Kirchenverwaltung, abgeschlossen. Schöne Proportionen und ein Giebeldreieck in Porphyrtuff kennzeichnen die Außenfront. Links daneben befindet sich die ehemalige Knabenschule mit einem vorgelagerten Hausgarten. Durch ein Sitznischenportal gelangt man in den Hausvorraum, den eindrucksvolle Kreuzgratgewölbe aus dem 16. Jahrhundert zieren. Das Haus diente von 1565 bis 1842 als Schulgebäude. Danach waren darin Redaktion und Druckerei des seit 1831 erscheinenden „Colditzer Wochenblattes" untergebracht.

Das untere der beiden Fachwerkhäuser am Kirchplatz ist 1656 errichtet worden. Man nennt es das Köhlerhaus. Hier wurde 1684 der spätere Professor der Geschichte und

Mitbegründer der Bibliothekswissenschaft wie der Münzkunde Johann David Köhler geboren. Er ist den Numismatikern in aller Welt als Herausgeber der „Münzbelustigungen" (22 Bände) bekannt, die sein Sohn 1759/60 fortsetzte. J. D. Köhler war einer der universalen Gelehrten seiner Zeit und wird als Numismatiker wie Historiker gleichermaßen geschätzt. Über eine Außentreppe gelangt man in das hochgelegene Erdgeschoß. Rechts gibt es eine feuersichere Tonnenwölbung. Eine Wendeltreppe führt ins Obergeschoß, das aus dem 18. Jahrhundert stammt

Colditz
Köhlerhaus

und im Zuge mehrerer Erweiterungen den Frontspieß erhielt. Damit erreichte man eine Harmonisierung der un-
symmetrischen Front. Das Nachbarhaus ist durch eine
„Schlippe" vom Köhlerhaus getrennt, ehemals Zugang
zu einem der früheren Colditzer Badehäuser. Die Fassade
wird durch „Spiegel" unter den Fensterbrüstungen ge-
gliedert und trägt die Zahl 1722 als Baujahr.

Schloßgasse. Die Straße wurde früher wegen des gefähr-
lichen Steilabfalls „Sieh dich für" genannt. Nicht zuletzt
wohl wegen der Kinder, denn hier war in einem Privathaus
von 1615 bis 1669 die erste Mädchenschule untergebracht. Die Nr. 4 ist ein malerisches Fachwerkhaus aus
dem 16. Jahrhundert. Das Holz des Obergeschosses gab
jeder Senkung des Erdgeschosses nach, und so verformte
es sich. Unregelmäßige Grundrisse gehören zu Bauten
jener Zeit, wie auch die niedere Geschoßhöhe. Man be-
zeichnet das Haus als „Götzentempel", aber auch als
„Hasenhaus", weil es vor noch nicht allzu langer Zeit eine
Familie gleichen Namens bewohnte. Die teilweise Ver-
schieferung ist in Methauer Schiefer ausgeführt.
In unmittelbarer Nähe stand bis 1824 das Schultor. Die
linke Straßenseite prägt das Barockhaus Nr. 5 auf einem
hohen Sockel. Am Haus Nr. 6 blieb der Korbbogen erhalten, er überspannt flach die größere Türöffnung. Die unregelmäßige Fensteranordnung des Gebäudes Nr. 9 weist
darauf hin, daß es aus dem frühen 18. Jahrhundert
stammt. Eine Putzschicht verdeckt das Fachwerk des
Obergeschosses. Die „Heiste" vor dem kleinen Haus
Nr. 11 mit der barocken Haustür hebt es vom Nachbarhaus ab. Die Nr. 13 hat barocke Substanz, wie das Korb-
bogenportal zeigt, das sich am südlichen Giebel befindet.
Ende des 19. Jahrhunderts ersetzte man das Fachwerk
durch einen Ziegelbau.
Hinter bzw. auf hohen Mauern stehen die Gebäude Nr. 19
bis Nr. 29. Sie stammen aus dem späten 18. bis frühen
20. Jahrhundert. Ihre Besitzer gehörten zu den sogenannten kleinen Leuten. Auf hohem Bruchsteinsockel erhebt
sich am Ende der Gasse/Ecke Wettiner Ring eine spätklas-
sizistische Villa, in der sich ein Kindergarten befindet.

Städtisches Museum. In Colditz hat man ungewöhnlich früh, schon 1874, begonnen, ein Museum einzurichten. Initiator war Bürgermeister Johannes Müller. Den Grundstock bildeten gesammelte Gegenstände des städtischen Handwerks und Fabrikwesens. Die Exponate waren zuerst im Rathaus und später im Schloß untergebracht. Ihren heutigen Standort erhielten sie 1938. Das Museumsgebäude mit den Kreuzgratgewölben wurde, wie die Inschrift an der Fassade verrät, 1730 erbaut.

Die Ausstellung gliedert sich im wesentlichen in die drei Komplexe: Stadtgeschichte, vor allem frühere städtische Handwerke, Colditzer Keramik und die Abteilung Kriegsgefangene in Colditz. Da sich letztere vorwiegend mit dem Aufenthalt alliierter Offiziere im Schloß (Oflag IV C) und ihren vielen Ausbruchsversuchen befaßt, zieht sie zahlreiche Gäste aus westeuropäischen Ländern, insbesondere aus England, an. Auch eine recht umfängliche Bibliothek sowie gebundene Ausgaben des ,,Colditzer Wochenblattes" und ,,Colditzer Tageblattes", der Heimatzeitschrift ,,Rundblick", Festschriften, Broschüren und andere Dokumente, Zeichnungen, Fotos sind hier aufbewahrt und wertvolle Quellen der Colditzer Heimatgeschichte.

Nach Anmeldung im Städtischen Museum können interessierte Besucher auch das Köhlerhaus am Kirchplatz und die Schloßhöfe besichtigen.

Der Tiergarten. Kurfürst Friedrich der Weise ließ ihn 1523 anlegen. Auch seine Nachfolger waren von der Jagdleidenschaft besessen und setzten die Vergrößerung dieses Waldstückes fort. Sie forderten von den Colditzern wie von den Zschadraßer, Zollwitzer und Zschirlaer Bauern Teile ihrer Wiesen und Äcker, weshalb mancher Strauß ausgefochten werden mußte. Schließlich blieb den Besitzern doch nichts anderes übrig, als den herrschaftlichen Ansprüchen Folge zu leisten. Kurfürst Johann Georg I. ließ ab 1624 um das gesamte Gelände eine hohe Mauer errichten. Dafür mußten die Fronpflichtigen der Ämter Colditz, Borna, Leisnig und Rochlitz mehr als 10 000 t Baustoffe – Steine, Sand und Kalk – heranfahren. Ein

flottes Bautempo hatte zur Folge, daß die 7 km lange
Mauer an mehreren Stellen schon nach kurzer Zeit ein-
stürzte. Trotzdem steht der Großteil der in Sachsen seiner-
zeit beispiellosen Anlage heute noch.

Im Tiergarten legte man Teiche an und schmückte sie mit
Statuen, man baute zehn Fischhalter, Vogelherde, Luchs-
und Bibergruben sowie einen Fasanengarten. Die Haupt-
attraktion war zweifellos das 1591 errichtete zweistöckige
Lusthaus inmitten des Teiches. In die Mauer wurden vier
Torhäuser eingebaut, in denen die Betreuer des Tiergar-
tens wohnten: der Wildbretwärter, dem die Fütterung der
Tiere oblag; der Jägermeister, der unter anderem für das
Federvieh – Schwäne, Enten und Gänse – zu sorgen hatte;
der Röhrmeister, der für die Trinkwasserversorgung zum
Schloß verantwortlich war; schließlich der Bettmeister,
über dessen Aufgabenbereich es recht unterschiedliche
Ansichten gibt.

Von den Torhäusern des Tiergartens sind zwei erhalten
geblieben. Am 1625/26 errichteten Torhaus Zschirla finden sich die folgenden Zeilen eingemeißelt:

Colditz
Tiergartentor

Churfürst Johann Georg hochgeborn
Hatt diesen ortt darzu erkorn
Das er soltt ein behältniß sein
Der Wilden Thier darzu die stein
So gschwindt sich eingestellet habn
Das nur in wenig Sommertagn
Ein Mauer auffgewachßen schnell
Von Drey Tausendt Sechshundertell
GOTT geb das sein Churfürstlich Gnadt
So manche stundt so manchen tagk
So manches Jhar frölich vorbringk
So mancher stein in diesem Ringk
Der mauer sich befinden thutt
GOTT halt den Heldt in seiner hutt.

Als alles fertig war, setzte man Rot- und Damwild aus und
schoß die meisten Tiere während eines Kesseltreibens ab.
Die Einrichtungen verfielen, als die Zeiten kurfürstlicher
Jagden hier nach der Mitte des 18. Jahrhunderts zu Ende
gingen. Das Lusthaus mußte 1790 wegen Baufälligkeit
abgerissen werden, die Steinquader fanden beim Neubau
der Muldenbrücke 1824 Verwendung.
Im Jahre 1831 forderte das Finanzkollegium Dresden die
Abholzung des Tiergartens. Aber der Rat der Stadt Colditz
und mehrere Gemeindevorstände der umliegenden Orte
widersetzten sich diesem Ansinnen. Mit Erfolg, sie er-
reichten dreierlei: den Fortbestand des Tiergartens, seine
Freigabe für alle Bürger und 1850 sogar den Bau einer
Straße hindurch. Bis dahin mußten die Pferdegespanne
über den steilen Hainberg, wenn sie nach Leisnig wollten.
Natur- und Heimatfreunde verschönerten den Tiergarten
im Laufe der Jahrzehnte immerfort. So sind der „Gesund-
brunnen" und das „Triefsäckchen", auch der „Konzert-
platz" beliebte Wanderziele geworden. Letzterer übrigens
nicht nur am zweiten Pfingstfeiertag, wenn hier seit mehr
als 100 Jahren alljährlich das traditionelle Pfingstkonzert
stattfindet und hunderte Besucher anlockt. In den Jahren
1950/54 fügten etwa 600 freiwillige Helfer dem Natur-
park das „Waldbad Colditz" hinzu. Es ist im Sommer das
Ziel tausender Badelustiger. Zeltplatz und Bungalows bie-

ten Übernachtungsmöglichkeiten, die Gaststätte „Jäger-
klause" die nötige Versorgung. Großstädter mögen vielleicht die Bezeichnung   T i e r garten belächeln –
angesichts der wenigen freilebenden Tierarten und einem
bescheidenen Gehege –, doch für einen   G a r t e n hat das
Gelände eine repräsentative Größe. Manchem Wanderer
dürfte im vorderen Tiergarten die von einem tiefen Graben umgebene Erhebung, der sogenannte Vogelherd oder
Pilz, auffallen; sie trug einen frühdeutschen Turmhügel.

Fürstenweg. Unweit des Colditzer Tiergartentors nimmt
er seinen Anfang, führt durch das Waldgelände, biegt im
Tal links ab, vorbei am derzeit arg ramponierten ehemaligen Försterhaus durch Zschadraß, Collmen, Podelwitz,
Tanndorf, Seidewitz. Er endet in Wermsdorf, von wo aus
die Wettiner oft ihre Jagdausflüge nach Colditz unternahmen. Am Wettinstein im Thümmlitzwald hielten sie dann
meist ein Jagdfrühstück ab. Für derartige Hofjagden
mußte das gesamte erforderliche Gerät aus Dresden her-
beigeschafft und danach auch wieder abgeliefert werden.
Die Forstleute und Waldarbeiter hatten Treiberdienste zu
leisten, wozu sie auch gern bereit waren, betrachteten sie
diese doch als Anerkennung ihrer Arbeit.
Nach einer anderen Interpretation verlief der 1592 angelegte, z.T. gepflasterte Fürstenweg um den Lusthausteich
herum zum Zschirlaer Tor und von dort aus weiter nach
Waldheim, Freiberg und Dresden.

Schlobachs Mühle. Es ist der Standort der früheren
Burgmühle. Sie wurde schon 1265 urkundlich erwähnt.
Kriege, Hochwasser und Brände zerstörten die Gebäude
oftmals. Als königliche Amtsmühle erbaute man sie im
Jahre 1492 völlig neu. 1628 erhielt sie ein Pansterwerk,
d.h., mehrere unterschlächtige Wasserräder wurden über
Kettenzüge den jeweiligen Wasserständen angeglichen.
1826 pachtete Carl Leopold Schlobach die Mühle. 1850
kaufte er sie vom Staat und baute sie nach amerikani-
schem Vorbild um: von steinernen Mahlgängen auf stäh-
lerne Walzenstühle. Nach dem Brand von 1897 begann
man die Anlagen auf automatischen Betrieb umzurüsten.

Überhaupt stand die „Müller-Dynastie" der Schlobachs technischen Neuerungen stets außerordentlich aufgeschlossen gegenüber. Als der Betrieb 1962 halbstaatlich, 1972 volkseigen wurde, blieb C. R. Schlobach sen. Leiter des auf Nährmittel umgestellten Werkes. Heute fungiert er als geschäftsführender Gesellschafter der seit Mitte 1990 reprivatisierten Firma „anona-nährmittel C. L. Schlobach GmbH".

Haingasse. Sie beginnt am Baderberg. Dort befinden sich, an den Schloßfelsen gedrängt, die im 18. Jahrhundert entstandenen Gebäude städtischen Charakters. Die anderen Häuser bis zur hinteren Haingasse sind von einfacherer Bauart, doch inzwischen so modernisiert, daß nirgendwo mehr Fachwerke mit typischer Strohlehmfüllung zu sehen sind. Die Bewohner der Haingasse teilten mit denen der benachbarten Badergasse die beständige Furcht vor Überschwemmungen und Mühlenbränden. Die alte Brüstungsmauer an der linken Straßenseite konnte die Häuser nur bedingt vor Hochwasser und Eisfahrten schützen.

Außer der Amts-, später Schlobachs Mühle nutzte auch der englische Maschinenbauer William Whitfield, einer der großen Technik-Pioniere in Sachsen, den Amtsmühlgraben als Energiequelle. Die von ihm zusammen mit Friedrich David Felgenhauer 1811 gegründete und mit Wasserrädern angetriebene Colditzer Baumwollspinnerei existierte aber nur wenige Jahrzehnte.

Die Tiergartenmauer am Fuße des Hainberges mit dem gewölbten Durchlaß für den Tiergartenbach ist mit einer hölzernen Sperre versehen, damit kein Wild entweichen kann. Nebenan ließ sich der NSDAP-Kreisleiter in den dreißiger Jahren ein repräsentatives Wohnhaus bauen. Es dient seit 1949 als Jugendherberge.

Der große Steinbruch läßt erkennen, wie Lavagüsse einander überlagerten. Gigantische Vulkanausbrüche während der erdgeschichtlichen Periode des Perm verformten die noch nicht völlig erkalteten Porphyre. Der Abbau des plattigen Materials wurde 1970 eingestellt.

Der Hainberg. Bis 1850 führte der Verkehr nach Leisnig über diesen 225 m hohen Berg. Das war gewiß ein recht beschwerliches Unterfangen, vor allem für die Pferdefuhrwerke der Händler und Kaufleute. Auch Krämer mit ihren schweren Traglasten, Karren und Schiebeböcken mußten diese höchste Erhebung im Colditzer Gebiet überwinden.

Kurfürstin Sophie ließ nach 1610 am Hang der Südseite einen Weinberg anlegen. Er diente der selbstbewußten Frau gleichermaßen als Lustgarten. Diese Terrassen sind inzwischen verfallen. Zum Weinberg gelangte man durch das heute noch vorhandene Porphyrportal des 16. Jahrhunderts. Es ist stark verwittert und zeigt(e) ein Wappen mit springenden Hirschen. Im 18./19. Jahrhundert wurde der Weinanbau nach und nach eingestellt. Die oberhalb gelegene künstliche Ruine ist inzwischen eine natürliche geworden.

Die Namensdeutung Hainberg ist umstritten. Aber es liegt nahe, daß ein Hain oder Hainbuchen dafür Pate gestanden haben. Die Chronik berichtet, daß schwedische Soldaten im Jahre 1637 die ,,Hainbergeiche" vernichteten. Der Durchmesser dieses Baumes soll 12 m betragen haben. Einen Blick von der Höhe des Hainberges darf man sich auf keinen Fall entgehen lassen.

Colditz

Vor den Toren

Von alters her wurden die Colditzer Vorstädte benannt: Vor dem Nicolaithore, Vor dem Baderthore, Vor dem Hainthore, Vor dem Schulthore, Vor dem Töpferthore.

Am Furtweg. Die Geschichte der Stadt begann wahrscheinlich hier. Solange der Wasserspiegel der Mulde noch nicht durch das Wehr künstlich angehoben war, ermöglichte diese Stelle den Tragtierkarawanen und Fuhrwerken eine relativ leichte Flußdurchquerung. Bei höherer Wasserführung der Mulde werden die aus Altenburg, Rochlitz und Leisnig kommenden Händler die Zeit bis zum Sinken des Wassers zum Handeln genutzt haben. Jedenfalls ließen Fernkaufleute auf der kleinen Anhöhe eine Kirche errichten (eine Holzkonstruktion) und weihten sie ihrem Schutzpatron St. Nikolaus. Als weiter nördlich die Reichsburg und eine Muldenbrücke entstanden, vollzog sich die Bebauung in dieser Richtung. Andere Kaufleute, die mehr den örtlichen Bedarf deckten, siedelten sich nun in der kleinen ummauerten Stadt an, und auf dem ursprünglichen Siedlungsgelände wurden Scheunen und Vorratskeller erbaut.

1875 ließ Ferdinand Müller, fortan ,,Steg-Müller" genannt, einen Steg über die Mulde errichten. Vier Jahre später entstanden dann das ,,Muldenschlößchen" sowie eine Gondelstation. Der primitive Holzsteg mußte jedoch bei Hochwasser und bei Eisfahrten abgebaut werden. Auch war infolge des steigenden Verkehrs längst ein anderer Muldenübergang notwendig geworden. So entstand 1969 die Brücke am Porzellanwerk.

Die Nikolaikirche. Der Steinbau der Kirche wurde im frühen 12. Jahrhundert errichtet. Dahin eingepfarrt wurden die Dörfer Terpitzsch, Zollwitz, Koltzschen, Hausdorf und Zschadraß. Doch nach der in Colditz schon 1518 eingeführten Reformation fanden die Gottesdienste in der nunmehrigen Hauptkirche St. Egidien statt. Das Amt erklärte das Gelände um die Nikolaikirche als Platz für die Totenbestattung. Die heutige Begräbniskapelle hat eine überwölbte Apsis, Tonnengewölbe im Chor und ein einfach gedecktes Schiff. An der West- und Südseite stehen eindrucksvoll gestaltete Grabmäler des 17. bis 19. Jahrhunderts. Die romanische Kirche der frühen Fernkaufleute ist ein kulturgeschichtlicher Schatz der Stadt.

Nikolaistraße. Hier eröffnete der Leipziger Kaufmann Gottfried August Költz 1769 die erste Manufaktur in der Stadt, um Leinwand zu Kattun und Zitz zu verarbeiten. Damit war auch in Colditz die Manufakturperiode eingeleitet. Nun konnte man billiger produzieren, indem man die Herstellung eines Produktes in einzelne Abschnitte aufgliederte, so daß auch ungelernte Kräfte am Arbeitsprozeß mitwirken konnten. 1801 waren hier 142 Personen beschäftigt, darunter sogar Kinder. Dennoch erwies sich das Unternehmen als unrentabel. 1808 übernahmen es die Gebrüder Ramsthal, 1816 der Leipziger Kaufmann und Leinwandmanufakturist C. G. Schwägrichen. Er richtete in dem Gebäude eine Kunstbleiche ein, die damals als modernste und größte Sachsens galt. Für die Bearbeitung verwendete er anstelle von Chemikalien fortan Wasserdampf. Dies bewirkte, daß die Stoffe dem ,,Haarlemer Weiß" ebenbürtig waren, nicht so schnell vergilbten und brüchig wurden. Die Manufaktur bestand bis 1820.
Als Kaiser Napoleon am 5. Mai 1813 in die Stadt einzog, übernachtete er in dieser ,,Fabrique"! Am nächsten Morgen zog er weiter. Auf der Harthaer Höhe, bei Gersdorf, kam es zwischen französischen und verbündeten Truppen zu einem Gefecht, bei dem 200 Soldaten fielen. Hier in der Költzschen Manufaktur wurde ein Lazarett eingerichtet, ebenso in der Nikolaikirche. Viele Krieger liegen in Colditz begraben. Seit 1842 wird der dreistöckige Manufakturbau von 1775 als Schulgebäude genutzt.

Ringstraße. Die mittelalterliche Stadtdurchfahrt erfolgte entlang der Bader- und Töpfergasse, auf der alten Poststraße. Der zunehmende Verkehr seit Ende des 18. Jahrhunderts zwang zum Bau einer Umgehungsstraße. Sie führte unmittelbar nach der Muldenbrücke rechts in die Wassergasse, wo die Schafbrücke den Mühlgraben überspannte. Um den Verkehr um die Innenstadt zu leiten, wurde Ende der zwanziger Jahre unseres Jahrhunderts die Ringstraße gebaut; in den siebziger Jahren begann man sie noch mehr zu begradigen und zu verbreitern. Die Häuser an der rechten Straßenseite, von der Muldenbrücke bis zur Einmündung Wassergasse, auch die Schafbrücke, sowie die frühere Mädchenschule wurden abgerissen, der Mühlgraben verrohrt. Auf dem Gelände zwischen Muldenbrücke und Mühlgraben existierten einst eine Walkmühle, später die Tonwäscherei der Firma ,,Thomsberger", ab 1960 die ,,PGH Holzverarbeitung". Seit 1990 arbeitet dort die ,,Colditzer Türen u. Fenster GmbH". Südlich des Mühlgrabens standen bis zum 17. Jahrhundert die Gebäude der Colditzer Försterei. Heute befinden sich hier die ,,Minol-Tankstelle" und das ,,Autohaus Liemert".

Auf dem Topfmarkt boten die Töpfer ihre Waren an. Beachtenswert auf dem kleinen Platz sind das barocke Töpferhaus und daneben ein schlichtes Jugendstilhaus. Dem Feuerwehrdepot rechts folgt der Sportplatz. An der Zufahrt zur Brücke am Porzellanwerk stehen rechts noch die letzten Scheunen der früheren Nikolaivorstadt. Wirft man einen Blick in die Pestalozzistraße, ist das in norddeutscher Bauform errichtete Gebäude der Ortskrankenkasse von 1929 unübersehbar. Vor der sogenannten Friedhofskurve treffen wir auf die Gebäude der ehemaligen Betriebsberufsschule des Porzellanwerkes mit Wohnheim, Turn- und Schwimmhalle. Diese Bauten von 1961 werden heute als Gymnasium genutzt. Am Albertplatz biegt der Straßenzug ,,Am Ring" in die Schützenstraße ein. Dort entstanden in den fünfziger Jahren die ersten Gebäude der Arbeiterwohnungsbaugenossenschaft.

Europa Haus Colditz. Hinter dem Friedhof befand sich früher eine Viehweide, der Communenanger, und auf ihm das 1526 erstmals bezeugte Schießhaus. Nach Errichtung eines neuen Gebäudes erhielt die Schützenkompanie 1821 das Recht des Branntweinausschankes. Trotzdem kam das Haus drei Jahre später wegen Verschuldung in Privathand.

Im „Schützenhaus" spielte die 1868 formierte Colditzer Stadtkapelle unter den Musikdirektoren Wind, Gebrüdern Wolschke und Robert Wuttke u.a. Werke von Beethoven, Haydn, Mozart, Schubert. In den zwanziger Jahren führte hier Musikdirektor Paul Stadler eigene Theaterstücke, Singspiele, Kinderopern, Motetten und Lieder für Chorgesang mit einheimischen Kräften auf. Natürlich nutzten auch andere Gesellschaften, Vereine und Verbände das Haus. Der zweite Weltkrieg brachte das Aus, der Saal und das Gelände ringsum wurden Kriegsgefangenenlager.

Nach 1945 versuchte man im nunmehrigen „Kulturhaus" zunächst an die einstigen musikalischen Traditionen anzuknüpfen und sie wiederzubeleben. Infolge Besetzungsschwierigkeiten scheiterte dies. Aber immerhin gelang es, Veranstaltungen der Kreistheater Döbeln und Borna zu organisieren (zeitweilig 5 Ringe) und damit Kulturbedürfnisse zu befriedigen. Auch durch örtliche Kräfte wie eine schlagstarke, Furore machende Boxstaffel, gelegentliche Schulaufführungen und die volkstümlichen Theaterstücke der „Koltzschener Laienspielgruppe" unter der Leitung von Johannes Montag wurde das Haus wieder Besuchermagnet. Zu den nachhaltigsten Veranstaltungen gehörten die Lichtbildvorträge des Colditzer Tierfotografen und Schriftstellers Helmut Drechsler in den späten vierziger und in den fünfziger Jahren.

Im Jahre 1991 begann man auf Initiative des „Europa Haus Verein" das Gebäude zu renovieren und zum Europa Haus Colditz umzugestalten. Es entstanden eine europäische Bildungsstätte und ein Zentrum der Jugend und Kultur für die Region Colditz.

Die Saudelle. Die Schlucht zwischen dem Friedhof und Communenanger ist früher dazu genutzt worden, hier die Schweine zur „Hutung" in Wald und Flur zu sammeln. Der Volksmund prägte dafür die Bezeichnung Saudelle. Im Mittelalter erlangte dieses Gelände nahe dem Muldenufer als Richtstätte eine grausige Bedeutung. Hier erfolgte das sogenannte Säcken. Die zum Tode Verurteilten, meist Frauen, wurden in einen Sack gesteckt und in die Mulde geworfen. Oberhalb, auf dem Anger, praktizierte man eine noch grausamere Hinrichtungsart. Die Delinquenten wurden ,,geradebrecht''. Hierbei lag der Verurteilte entkleidet und angeseilt auf dem Rücken. Der Scharfrichter zertrümmerte ihm mit einem Wagenrad ,,von oben herab'' Glieder und Brustkorb. Insgesamt vermerkt die Chronik 56 Hinrichtungen, die, je nach Delikt, durch das Schwert (auf dem Markt), das Rädern (auf dem Anger) oder den Strang (auf dem Galgenberg) vollzogen wurden. Das letzte Todesurteil: ,,1756 ward Martin Rudolph wegen Mordes geradebrecht''.

Im Jahre 1845 riefen Colditzer Bürger die ,,Turnanstalt für Knaben'' ins Leben. Die Stadtverwaltung stellte den Jugendlichen die Saudelle als Turnplatz und Austragungsort für ihre Leibesübungen zur Verfügung. Die Vorführungen fanden so große Resonanz, daß es noch im gleichen Jahr zur Gründung des ,,Allgemeinen Deutschen Turnvereins, Colditz'' kam.

1909 entstand auf Initiative der ,,Theaterdirektion Moritz Richter'' in dem kleinen romantischen Tal ein Naturtheater. Die Aufführungen ,,Wilhelm Tell'', ,,Die Räuber'', ,,Salome'' und ,,Cavalleria rusticana'' unter Mitwirkung der Stadtkapelle und des Gesangvereins ,,Liederkranz'' fanden großen Anklang. Der erste Weltkrieg leitete den Verfall der Anlage ein, die 1000 Sitzplätze aufwies. Nach dem zweiten Weltkrieg ,,nutzte'' man die Saudelle gar als Schutthalde. Sie ist inzwischen mit Unrat verfüllt und verwächst zusehends. Schon deutet nichts mehr auf ihre bewegte Vergangenheit hin.

Wettiner Ring. Er beginnt an der sogenannten Konsumkurve. Dort, wo Töpfer- und Schloßgasse, Schützenstraße und Dresdener Straße aufeinander treffen, führt er den Berg hinan und ,,umringt'' die in den sechziger und siebziger Jahren entstandenen Neubaublöcke. Auf dem Gelände befanden sich vorher Schrebergärten und der Schloß-Friedhof. Neben der 1981 eingeweihten ,,Berg-Schule'' wurde unübersehbar das Kohlestaub-Heizwerk plaziert. Es versorgt Schule, Schloß und das ab 1988 errichtete Neubaugebiet Ost mit Wärme. Dort gibt es seit 1993 ein Jugendzentrum und ein Fitneß-Center.

Seit 1991 ist das angrenzende Schamottewerk stillgelegt. Auf der (Leisniger) Straße gegenüber wird derzeit die Tongrube verfüllt, ein geschichtsträchtiger Platz für die Stadt, nahm doch von dort die Colditzer Keramik ihren Ausgang.

Die Keramik. Colditz ist als „Stadt des guten Tones" bekannt. Und dies nicht nur wegen guter Umgangsformen und musikalischer Traditionen, sondern auch aufgrund seiner reichen Ton- und Kaolinvorkommen. Bereits in der Kreidezeit verwitterte der Quarzporphyr zu Ton und bildete somit die Grundlage dafür, daß sich in Colditz eine bedeutende keramische Industrie entwickeln konnte. Im 17. und 18. Jahrhundert galt Colditzer Ton weithin als Synonym für guten Ton überhaupt. Es hieß 1789, in Colditz werde „der brauchbarste Tohn zur Porzellanfabrik gegraben, ingleichen der weiße Tohn, so wie der zu Meissen, welche von Fabricanten gesucht werden".

Bereits Johann Friedrich Böttger und seine Mitarbeiter kannten die „Colditzer weisse Erde" und setzten sie für Porzellanversuche ein. Ein Laborprotokoll belegt, daß am 15. Januar 1708 erstmals die Herstellung europäischen Hartporzellans gelang, und zwar mit einem Masseversatz aus Colditzer Ton, Freiberger Kalkspat und Alabaster aus Nordhausen. Daraufhin wies August der Starke das Amt Colditz an, „2000 Ctr. Colditzer Thons" zu liefern. Insgesamt sind in der Dresdner Forschungsstätte und später in der Porzellanmanufaktur auf der Albrechtsburg in Meißen davon 18000 Zentner verarbeitet worden.

Der Gedanke lag nahe, den wertvollen Rohstoff in Colditz selbst in großem Stil zu verarbeiten. Und so übersiedelte der Brennofenfachmann S. G. Thomsberger 1804 aus der Hubertusburger Steingutfabrik nach Colditz und eröffnete mit seinem Schwiegersohn in der Badergasse die erste Colditzer „Steingutfabrik Thomsberger & Hermann". Deren Verkaufserfolge dürften den Colditzer Zimmermeister Carl August Zschau ermutigt haben, 1841 ein ähnliches Unternehmen zu gründen. Er nutzte dazu die Gebäude der stillgelegten Ziegelei an der Lastauer Straße. Das erwirtschaftete Kapital bildete 1907 den Grundstock für eine neue, große Fabrik am linken Muldenufer, die „Steingut A. G. Colditz".

Diese drei feinkeramischen Fabriken produzierten sogenannte Stapelartikel: Teller, Schüsseln, Becher, Wasch- und Küchengarnituren sowie Kaffee- und Speiseservice. Nur selten kam es zur Anfertigung hochwertiger Einzelstücke. Von 1909 bis 1932 stellte die „Dessauer Kunsttöpferei" (Inhaber W. Semmler) in den früheren Fabrikräumen Zschaus u.a. das Tonkochgeschirr „Feuertrotz" her. Auf dem Gelände errichtete dann 1933 die NSDAP ihre Kreisleitungsgebäude. Die Firma „Thomsberger & Hermann" an der Badergasse mußte 1954 wegen Unrentabilität schließen.

Aus der „Steingut A. G. Colditz" am Furtweg ging 1948 der „VEB Steingutwerk Colditz", aus diesem 1958 der „VEB Porzellanwerk Colditz" hervor. 1970 kam der Betriebsteil „Schmelzfarbenwerk" hinzu. Die 1200 Belegschaftsmitglieder produzierten Haushalt- und Hotelgeschirr. Mit den Erzeugnissen wurden das Inland und Kunden in rund 30 Ländern beliefert. Die heutige „Vereinigte Porzellanwerke Carl Schumann GmbH Colditz" beschäftigt derzeit etwa 260 Mitarbeiter und liefert ihre Erzeugnisse u.a. nach Italien, Frankreich, Dänemark und Schweden.

Vor der Jahrhundertwende hatte auch die Grobkeramik in Colditz festen Fuß gefaßt. 1886 und 1889 entstanden am Bahnhof zwei Steinzeugfabriken. Sie stellten vornehmlich salzglasierte Rohre, Viehtröge und Klinkerplatten her. Am Tiergarten begann gleichfalls 1886 die „Schamottefabrik Eismann u. Stockmann" mit der Produktion glasierter Dachsteine und feuerfester Schamottesteine. Zu ähnlichen Sortimenten verarbeiteten Betriebe in der Haingasse und in Tanndorf die einheimischen Rohstoffe. Ebenso in Collmen. Von dort führte eine Drahtseilbahn über die Mulde zum Güterbahnhof Colditz, wo die Ziegel verladen und andere Materialien zurücktransportiert wurden. Die meisten der genannten Werke geben leider keinen Ton mehr von sich. Derzeit bewahren nur noch das Porzellanwerk und das Steinzeugwerk die Traditionen Colditzer keramischer Industrie.

Spaziergänge entlang der Mulde

Die Promenade. Den Spaziergang auf der Promenade – genaugenommen sind es ja zwei – beginnen wir am Topfmarkt. Uralte Eichen und Kastanien säumen die beiden Uferpfade. Der westliche beginnt drüben, wo der Eisenbahnviadukt die Rochlitzer Straße überspannt. Er endet am Porzellanwerk, unweit der Mündung des Kohlbachs in die Mulde. Auf den Wiesen am Ostufer des Flusses bleichten Einwohner einst ihre Wäsche. Hier ,,aalten" sich auch Sonnenhungrige im Städtischen Muldenbad, das noch bis nach dem zweiten Weltkrieg bestand.
Die Brücke am Porzellanwerk wird unterquert. Aufmerksame erkennen noch Betonflächen, an denen der Holzsteg verankert war. Er führte von 1875 bis 1969 hier über die Mulde. In der früheren Gaststätte ,,Muldenschlößchen" befinden sich Sportlerheim und Kindergarten.
Wenn die Stufen in Richtung Friedhof überwunden sind, kann der weitere Weg ohne jegliche Beschwernis fortgesetzt werden. Einige Bänke laden an diesem sonnigen Uferweg zum Ausruhen ein. Von hier aus erkennt man die gesamte Länge des gegenüberliegenden Porzellanwerkes. An der ,,Saudelle" vorbei kann man am Ende der Promenade von der Lastauer Straße aus in der Gaststätte des Europa Hauses Colditz Einkehr halten und dann in die Innenstadt zurückkehren. Wer die nötige Kondition besitzt, kann auch gleich noch den Töpelsberg besteigen.

Der Heimatturm. Mehrere Wege führen zum Heimatturm auf dem Töpelsberg, der schönste zweifellos von der Lastauer Straße aus. Doch er ist auch der gefährlichste, denn man muß zwangsläufig die sogenannte Schwindelbrücke überschreiten. Und sie reißt unweigerlich jeden Wanderer in die Tiefe, der jemals die Unwahrheit sagte. Ist die Schlucht überwunden, steht noch ein holpriger, aber romantischer Weg bis zum Turm bevor. Er wurde in der sagenhaft kurzen Zeit von nur elf Wochen errichtet und zum 1.Colditzer Heimatfest 1901 eingeweiht. Schon zwei Jahre später zerstörte Blitzschlag das obere Drittel des über 18 m hohen Bauwerkes. Während der Instandsetzung erhöhte man den Turm auf 20 m. Unzählige Besucher erfreuten sich seitdem hier, sowohl oben auf der Zinne am schönen Rundblick als auch unten in den kleinen behaglichen Räumen der Turmgaststätte.

Der Zahn der Zeit nagte am Gemäuer. Aus der Turmkrone brachen Steine. Bei den Rekonstruktionsarbeiten 1988/89 verlor der Heimatturm leider sein ursprüngliches Gesicht. Trotzdem blieb er ein beliebter Anziehungspunkt, einschließlich der ,,Bastei" und des ,,Mädchenfelsens", von wo aus sich ebenfalls das eindrucksvollste Landschaftspanorama öffnet, das Colditz zu bieten hat.

Auf dem Töpelsberg trieben einst Teufel ihr Unwesen. Sie holten sich die Seelen der Gehenkten vom nahen Galgenberg (auch Heidenberg). Die Bezeichnung Töpelsberg leitet sich aber nicht vom Wort Teufel ab, sondern von topolsco, topolsk, was soviel bedeutet wie ,,Ort, wo Pappeln wachsen". Daß heutzutage viele Colditzer weder Tod noch Teufel fürchten, kann man an manchen Tagen beobachten, wenn sie sich von der hinteren Kuppe des Töpelsberges mit ihren Gleitschirmen in die Tiefe stürzen.

Möseln · Gasthof mit Schmiede

Von Colditzer Ortsteilen

Möseln. Zu dem 1950 eingemeindeten Ortsteil wandern wir am Porzellanwerk vorbei, hinter dem Eisenbahntunnel ein Stück aufwärts und dann die Rochlitzer Straße stadtauswärts. Am Fuße des Möselner Berges stehen die Gebäude des 1923 errichteten Werkes „Süd" der „Steingut-AG". Gefangene und Internierte aus osteuropäischen Ländern mußten dort 1944/45 unter KZ-ähnlichen Bedingungen Waffenteile herstellen. Nach dem Kriege richtete man eine „Maschinen-Ausleihstation" ein, danach einen „Betrieb für Landtechnik und Maschinenbau". Seit 1992 befindet sich in den völlig umgestalteten Werkanlagen die „Mercedes-Benz Auto-Service GmbH".

Möseln ist der südlichstgelegene Ort des Kreises, ein 1368 erstgenannter Weiler. Vor dem Dorfeingang befindet sich der „Gasthof heiterer Blick". Ein schöner Blick, auch auf die alte Schmiede, wird geboten, doch die Gastwirtschaft ist schon lange geschlossen. An den Türen, Fenstern und Toren des kleinen Dorfes dominiert noch Rochlitzer Porphyrtuff, wenngleich manche Einfassung modernen Gesichtspunkten geopfert wurde. So verschwand 1986 auch Sachsens älteste Fachwerkscheune aus dem Jahre 1624! Bisweilen ist an einigen Gebäudefassaden noch der grausilbrige Methauer Schiefer zu sehen. Der Grimmerbach unten im Tal wird von einer steinernen Tonnengewölbe-Brücke überspannt. Das Wasser treibt die kleine Turbine einer der letzten handwerklichen Getreidemühlen unserer Gegend.

Hier wechselt die Muldentalbahn auf das rechte Ufer. Die Steine für den Bau der Eisenbahnbrücke brach man am Berg gegenüber. Die Straße nach Rochlitz führt über den Ratsberg, dessen Name daran erinnert, daß die Stadt dort Landbesitz hatte. Zwischen dieser Anhöhe (206 m) und dem Fuchsberg liegt der Fuchsgrund. Der 1971 angelegte Stausee diente zur Beregnung der dortigen Felder, danach als Fischzuchtgewässer. Der Stau reicht fast bis zur Deutz-Mühle, unterbricht leider den Weg im Bachgrund.

Hohnbach. Der 1974 in die Stadt eingegliederte Ortsteil zieht sich ab ,,Teichhaus" entlang des Baches in einer Senke hoch. Rechts oben auf der Höhe arbeitete bis zu Beginn des ersten Weltkrieges eine Ziegelei. Eigenheime der siebziger Jahre sowie ,,Die Siedlung" aus den zwanziger und dreißiger Jahren geben dem Dorf ein vorstädtisches Gepräge. Aber auch die älteren Gebäude sehen gepflegt aus, was nicht zuletzt ein Verdienst des hier ansässigen ,,Baugeschäfts Müller" sein dürfte. Die Tongrube am Dorfausgang lieferte bis vor wenigen Jahren den Rohstoff an Colditzer keramische Werke, einen Bänderton. Von den einstigen sieben Teichen im Ort sind vier erhalten geblieben.

In dem 1368 beurkundeten Straßenangerdorf stehen beiderseits der Straße Drei- und Vierseithöfe. Dahinter erstrecken sich die früher zu jedem Gut gehörenden Felder. Die ursprüngliche Flureinteilung des Rodungsdorfes ist heute noch zum Teil in Richtung Hungerberg erkennbar. Eindrucksvoll der große Vierseithof mit dem schönen Torhaus am Ende des Dorfes. Auch einige jüngere Gehöfte der Kleinbauern und der einst nicht vollberechtigten Gärtner haben sich erhalten. Ein Beispiel dafür ist der abgebildete Winkelhof.

Hohnbach · kleines Fachwerkgehöft

Thumirnicht. Wer unmittelbar hinter der Muldenbrücke nach links abbiegt, gelangt in die Rochlitzer Straße. Zur Zeit wird die Fahrbahn verbreitert, die Uferstützmauer versetzt; erhalten bleiben aber die alten Bergkeller. Unterquert man die Eisenbahnbrücke und hält sich rechts, entdeckt man ein verstümmeltes Steinkreuz. Niemand weiß so recht, ob es ein sogenanntes Weichbildzeichen war, das vielleicht die Flur der Stadt Colditz von Thumirnicht trennte, oder ob es sich um ein Sühnekreuz handelt. Der Sage nach ist es der Grabstein eines im Dreißigjährigen Krieg gefallenen schwedischen Soldaten. Den dahinter liegenden Hang bezeichnete man 1624 als ,,Des Amtsschreibers Weinberg". Auch der Hartenstein ist auf einer Karte jener Zeit als Weinberg vermerkt. Die meisten Häuser der oberen Rochlitzer Straße entstanden in den zwanziger/dreißiger Jahren unseres Jahrhunderts.

Wir erklimmen rechts den Thumirnichter Berg. Die beiden Häuserreihen nannte man vor 100 Jahren die ,,Neuen Häuser". Inzwischen sind weitere hinzugekommen: in den dreißiger Jahren die Häuserzeile an der ,,Hohle" und nahe der Lausicker Straße die Bornwegsiedlung, auch ,,Krachwitz" genannt. In den siebziger Jahren entstanden Eigenheime, für die der Volksmund die Bezeichnung ,,Neu-Dallas" fand. Etwa gleichzeitig wuchsen auf den früheren ,,Handtuchfeldern" Wohnblocks in die Höhe, die wegen ihrer hufeisenförmigen Anordnung ,,Am U" genannt werden. So wird gewissermaßen die heitere Namensgebung von alters her fortgesetzt. Indes: Thumirnicht meint nicht ,,Tu mir nischt, ich tu Dir ooch nischt", sondern kommt wohl aus dem slawischen Dommernitz und bedeutet soviel wie ,,Eichwald". Das ist in Anbetracht der Waldnähe auch plausibel.

Das sogenannte Unterdorf ist das ursprüngliche Dorf, unverkennbar ein sorbischer Rundling, 1204 ersterwähnt als ,,Dummernich". Bauernhöfe unterschiedlichen Alters und verschiedener Verzimmerung sind zu sehen, manche Gebäude schon auf modern getrimmt. Wer Freude an früherem bäuerlichem Hausrat empfindet, sollte sich die Sammlung von Hannes Thate in seinem gut erhaltenen Hof ansehen.

Wanderungen und Ausflüge

Ins Kohlbachtal. Wir gehen von der Brücke am Porzellanwerk in Richtung West, passieren den kleinen Eisenbahntunnel und befinden uns am Wegekreuz Rochlitzer/ Geithainer Straße. Unweit von hier stand einst die 1543 von Hermann Keferstein gegründete Colditzer Papiermühle. Ein dazugehöriges Stampfwerk richtete sein Sohn Christoph auf dem sogenannten Weidicht, nahe der damals noch bestehenden Schafbrücke, ein. In der Papiermühle wurde ein gutes Büttenpapier hergestellt (originale Blätter blieben erhalten). Später rüstete man den Betrieb zu einer Mahl- und Schneidemühle um. Diese brannte ab, wurde wieder aufgebaut, aber die Geschäfte gingen schlecht. Die letzten Gebäude sind 1925/30 abgebrochen worden. Konturen des ehemaligen Mühlgrabens blieben oberhalb der „Eisstockbahn" erhalten.

Am „Teichhaus" biegen wir rechts in das Kohlbachtal ein. Dieser Weg und ein Gedenkstein tragen seit 1965 den Namen des 1916 in Colditz geborenen Tierfotografen und Schriftstellers Helmut Drechsler, der auf dem Hartenstein sein Wohnhaus hatte. Er machte nach 1948 in seinen Büchern und Lichtbildvorträgen vor allem auf heimische Tierarten aufmerksam, die durch ökologische Veränderungen vom Aussterben bedroht waren und heute noch sind. Das Tal inspirierte ihn zur Gestaltung seines ersten Buches „Kleine Welt am Wegesrand". Diesem folgten die Bücher „Teichsommer", „Uhudämmerung", „Wildschwäne über Uhlenhorst", „Durch die Wälder, durch die Auen" u.a.m. Drechsler verunglückte 1960 tödlich während einer Afrikaexpedition.

In dem kleinen, von Wiese und Wald geprägten Landschaftsgebiet des Kohlbachtales gedeihen eine Vielzahl seltener Pflanzen. Das „Tal der Falter", wie es auch genannt wird (hier kommen mehr als 40 Arten der Tagfalter vor), endet am Neuteich, einem Flächennaturdenkmal. Von da aus gibt es mehrere Möglichkeiten, den Colditzer Wald zu „durchforsten".

Zum „Waldhaus". Jenseits der Muldenbrücke wählen wir zwischen Rochlitzer und Lausicker Straße den Lausicker Fußweg. Von der Höhe aus eröffnet sich ein schöner, umfassender Blick auf die Stadt. Ein Stück weiter des Weges sind die alten Stadtscheunen zu sehen, in denen früher das Getreide „eingefahren" und winters über gedroschen wurde. Im Grundstück Nr. 35 fand man 1932 ein Urnenfeld aus der Bronzezeit. Die Gefäße sind im Städtischen Museum aufbewahrt und legen Zeugnis davon ab, daß unsere Gegend schon vor 3000 bis 4000 Jahren von Menschen bewohnt worden ist.

Wir überschreiten den kreuzenden „Thumirnicht-Schönbacher-Kirchweg" und gelangen leicht ansteigend, vorbei am Goldfischteich zum Gasthaus Waldhaus. „Die Waldschänke", wie die Einheimischen sagen (weil sie einst so hieß), galt schon immer als beliebte Ausflugsgaststätte. Was wunder, am Eingang des Colditzer Waldes gelegen, war sie zweifellos die repräsentativste gastronomische Einrichtung weit und breit. Das Hauptgebäude, vor der Jahrhundertwende errichtet, wurde mehrfach umgebaut und ergänzt. Attraktion war früher die inmitten des Saales befindliche, von unten beleuchtete Glas-Tanzdiele. Nach dem zweiten Weltkrieg zum „Handwerkerheim" umfunktioniert, ist das Gasthaus Waldhaus mit seinen schönen Einrichtungen jetzt wieder jedermann und jederzeit zugänglich.

Durch den Colditzer Wald. Er bildet zusammen mit dem Glastener Forst bei einer Längsausdehnung von 7 km einen Komplex von 2500 ha. Quer durch den Wald verläuft in Nord-Süd-Richtung die Wasserscheide zwischen Mulde und Pleiße. Westlich des sogenannten Kohlflügels fließen die Bäche auf Bad Lausick, östlich davon auf Colditz zu. Die Parthe hingegen wendet sich nach Nord, sie entspringt in der Abteilung 24 des Glastener Reviers. Über 56 km hin fließt sie auf Pleiße/Elster im Leipziger Raum zu. Ihr Quellgebiet ist ein beliebtes Wanderziel. Von Colditz her findet sich vorab rechts an der Straße nach Bad Lausick ein kleines Steinkreuz, der Schneiderstein. Der Cottaplatz in der unmittelbaren Nachbarschaft des

„Waldhauses" wurde nach dem bedeutenden Forstmann und Gründer der weltersten Forstakademie in Tharandt, Heinrich von Cotta (1763-1844), benannt. Er ließ den wenig ertragreichen Wald in ein System sich rechtwinklig schneidender „Flügel" und „Schneisen" gliedern. Damit wurde ein genauer Überblick über Bestände und Zuwachs ebenso möglich wie eine gute Orientierung durch die numerierten „Abteilungen". Als eine Übergangslösung betrachtete er das Anpflanzen schnellwüchsiger Fichten und Kiefern. In kurzer Zeit wuchs eine große Fläche dichten Nadelwaldes heran.

Da aber das Aufforstungsprogramm später über Gebühr weiter betrieben wurde, blieben die Folgen einer solchen Monokultur nicht aus: Bodenauslaugung, Windbruch, Schadinsekten, Fischesterben. Das alles begann schon um 1900. Die Erkenntnis von vorausschauenden Forstleuten, daß im Colditzer Raum auf Grund seiner Bodenstruktur nur naturnaher Laubmischwald wieder in Frage kommen kann, opferte man dem Gewinn, der aus der schnell wachsenden Fichte gezogen werden konnte. Im Jahre 1930 begann man – zunächst in bescheidenem Umfang – mit der Umwandlung des Waldes. Damals bestand der Colditzer Forst zu 98 Prozent aus Nadelholz, daran hatten die Fichten einen Anteil von 80 Prozent. Inzwischen ist ein Stand von 60 Prozent Nadelhölzer und 40 Prozent Laubhölzer erreicht. Angestrebt wird ein Verhältnis zu jeweils 50 Prozent; die Fichte soll gänzlich verschwinden.

Aus den „Sieben Quellen" des östlichen Waldgebietes bezieht die Stadt einen großen Teil ihres Trinkwassers. Der Altteich und das Schwarze Kreuz, ein hoher Obelisk aus Porphyr in der Abteilung 14, wie auch die schöne Birkenallee, sind beliebte Wanderziele. Nicht weit davon findet sich am sogenannten B-Flügel, der Hauptachse des Waldes zwischen Colditz und Bad Lausick, der Jägerstein von 1860. In ihn sind die Namen jener Forstleute eingemeißelt worden, die am Aufforstungsprogramm der Zeit maßgeblich beteiligt waren. Der Colditzer Forst ist heute Erholungsort, Sauerstoffproduzent und Rohstofflieferant. So werden jährlich etwa 1000 Birken angezapft und zu Gesichts-, Haar- und Rasierwasser verarbeitet.

Rund um den Forst. Fast schon am westlichen Ausgang des Colditzer Waldes, an einer Wegspinne des Kohlflügels, steht der sogenannte Weiße Stein. Hier am Bielberg(weg) befindet sich die Weiße Quelle. Das nahe Hochmoor ist eine landschaftliche Rarität. Im ,,Buchheimer Winkel" liegt die ,,Waldmühle", an der einst das tagaktive Damwild gegattert und dann ausgewildert wurde. Vom Weißen Stein aus ist der Rückweg zur ,,Blauen Adria", einem hochsommerlich begehrten Rest-Wasserloch des ehemaligen Braunkohlentagebaues, zu empfehlen – und weiter über Thierbaum, Leupahn und Hohnbach nach Colditz. Sicher sind solche Mammut-Touren besser mit dem Fahrrad anzutreten, ebenso Ausflüge auf dem B-Flügel bis hin nach Buchheim und Bad Lausick oder auf der Lausicker Landstraße bis zur Ballendorfer Bockwindmühle von 1835, einer reinen Holzkonstruktion und sehenswerten technischen Schauanlage. Von da nördlich nach Glasten mit seiner frühgotischen Chorturmkirche ist es nicht weit.

Auch die großen Kolonistendörfer der Landesausbauzeit zu beiden Seiten des Colditzer Forstes verdienen besucht

Glasten
Dorfkirche

zu werden: Schönbach und Ebersbach zum Beispiel, die ehemals größten Colditzer Amtsdörfer. Wahrzeichen des langgestreckten, 1526 „Schömpach" genannten Straßendorfes sind die hohe, 1812/13 völlig umgebaute Dorfkirche und die Turmwindmühle des 19. Jahrhunderts, die ursprünglich ein Windrad mit 40 Holzjalousien besaß, das sich aber nicht bewährte. Um die Jahrhundertwende wurden neue, große Flügel angebracht. Sie existierten bis 1940/50. Im 1384 erstbeurkundeten Ebersbach steht noch eine Bockwindmühle, dazu auf einem geologischen Denkmal, dem Aufschluß von Pechstein. Wertvoll ist auch die Ebersbacher Chorturmkirche aus der Zeit um 1200, die das hier flache fruchtbare Land weithin überragt.

Zur Muldenvereinigung. Vom Colditzer Markt geht es zur Haingasse, dann am Ostufer der Zwickauer Mulde entlang. Der Fluß windet sich ein letztes Mal an der Pappenfabrik in zwei großen Mäandern, um einen sperrenden Porphyrriegel zu durchbrechen. Die Straße ist von der hinteren Haingasse aus aufgrund ihres Zustandes nur

Sermuth
Schloß

bedingt befahrbar. Sie steigt in zwei Kurven zum bewaldeten Eichberg auf. Der Gipfel bietet freie Sicht, und ein herrliches Panorama tut sich auf. Zu Füßen liegt Sermuth. Es „verwuchs" im Laufe der Zeit aus Klein- und Großsermuth mit Kötteritzsch. Der Schloßturm des ehemaligen Rittergutes wurde vor drei Jahrzehnten seiner Zinnen beraubt, Scheunen und Stallungen machen nur aus der Ferne einen romantischen Eindruck.

Der Verlauf der Muldentalbahn von Colditz nach Sermuth läßt sich gut verfolgen. Auch weiter rechts ein Stück der Strecke Großbothen-Leisnig (Leipzig-Döbeln-Dresden), die am Thümmlitzwald unterhalb des zum ehemaligen Kösserner Rittergutes gehörenden „Teepavillons" (1821) vorbei führt und den steil zur Muldenaue abfallenden Erllner Burgberg umkurvt. Vor der Kulisse des Colditzer Forstes lagern die Waldstücke des kleinen, mittleren und großen Rauschenbusches.

An einer alten, hohen Pappel vorbei gehen wir hinunter ins Dorf Sermuth. Von weitem leuchten uns die hellen Wasserflächen der beiden Mulden entgegen, sie sind unser Ziel. Die Landzunge, wo sich Zwickauer und Freiberger Mulde vereinigen, ist mit einem hölzernen Fliegenpilz markiert. Der Zugang zu diesem topografisch wichtigen Ort war drei Jahrzehnte zum Betriebsgelände erklärt und deshalb gesperrt, jetzt ist er wieder offen. Hier befindet sich das 1962 errichtete Pumpwerk. Es befördert bei Bedarf Wasser aus beiden Mulden, zunächst nach Schönbach in ein Ausgleichsbecken. Von da aus läuft es im offenen Kanal durch den Colditzer Wald, ins Bornaer Revier.

Sermuth
Alter Gasthof

Die Überquerung der beiden Flüsse war lange nur mit Hilfe von Fähren bzw. über einen Steg möglich. Im Mai 1920 wurde der erste feste Übergang, die heute noch bestehende „Dreigelenkbogenbrücke" über die Zwickauer Mulde, fertiggestellt. Die Ostbrücke entstand 1933. Die Deiche an den Ufern der Mulde wurden bis 1939 vom „Reichsarbeitsdienst" angelegt. Ein neuer Übergang über die Freiberger Mulde wird derzeit vorbereitet. Spötter behaupten: An der Muldenvereinigung verunreinige die Zwickauer die Freiberger Mulde. Doch im Laufe der letzten Jahre hat sich schon so manches „geklärt".

Wir wandern die Straße am Freiberger Muldenufer entlang. Podelwitz ist nicht weit, mit seinem Wasserschloß aus dem späten 16. Jahrhundert und dem freistehenden Taubenhaus im Gutshof. Der Ort gehört zu dem am jenseitigen Ufer und Thümmlitzwald gelegenen Tanndorf, das eine Bahnstation an der Döbelner Strecke hat.

Uns aber führt am Fuße des Knochenberges ein Feldweg die „Kniebreche" hinauf. Auf halber Höhe ist links ein Steinbruch zu sehen, über dessen Wiedererschließung ge-

Podelwitz
Schloß

genwärtig gestritten wird. Collmen ist unverkennbar ein Rundling, sehenswert die 1215 beurkundete Wehrkirche. Von ihr blieb zwar nach dem Umbau zu Anfang unseres Jahrhunderts nicht viel übrig, doch ihre einheitliche Ausstattung von 1910 birgt interessante Stilelemente der Zeit. An der Südseite der Kirche steht ein in Stein gehauener Streiter, dessen Alter und Herkunft fraglich sind, er dürfte aber wohl dem 12. Jahrhundert zuzuordnen sein.

Zschadraß ist das ,,Mutterdorf". Es wurde zuerst 1294 als Herrensitz ,,Zcadroz" und zum Burgward Colditz gehöriger Weiler erwähnt. Seit 1864 werden hier u.a. psychisch kranke Menschen behandelt. Aus dieser Zeit stammen die mit gelben Ziegeln verblendeten Bauten. 1991/92 wurden die Hauptgebäude aus den zwanziger Jahren rekonstruiert. Die hiesige Tbk-, Herz- und Lungenchirurgie machte die Heilstätten Zschadraß zu einer weithin anerkannten Gesundheitseinrichtung. Das jetzige ,,Sächsische Krankenhaus Zschadraß" befindet sich derzeit in einer Umprofilierung. Es wird künftig, wie ursprünglich geplant, wieder vor allem eine psychiatrische Klinik sein.

Zschadraß
Heilstätten

Ins Auenbachtal. Wer stille Wanderungen zwischen
Feld, Wiese und Wald liebt, findet sie im Auenbachtal.
Allerdings kann es mitunter mühevoll sein, sich einen
Pfad zu suchen, denn einen offiziellen Wanderweg gibt es
noch nicht. Festes Schuhwerk ist vonnöten. Von Colditz
aus fährt man am besten mit dem Bus bis kurz vor Gersdorf und steigt dort nahe dem Gedenkstein aus. Er erinnert
an das ,,Gefecht von Gersdorf" am 6. Mai des Jahres
1813, als Napoleon während des Frühjahrsfeldzuges die
Verbündeten noch einmal vor sich hertrieb.

Links führt der Weg durch Laubmischwald. Unterhalb des
Bergrückens vereinigen sich die beiden Quellarme des
Auenbaches und fließen dann durch die Wiesen südlich
des langgestreckten Dorfes Langenau. Die Straße nach
Geringswalde wird überschritten. Am oberen Ende der
Wiese setzen wir den Weg am linken Bachufer fort. Ab
Rinnmühle gibt es gut markierte Wanderwege. Unweit der
schützenden ,,Leipziger Hütte" zeugen offene Stollen
von vergeblichen Versuchen, hier einst Bodenschätze zu
finden. Hüllschiefer und Leisniger Porphyr treten wiederholt zutage.

Viele Singvogelarten sind im Auenbachtal heimisch, auch
Rehe und seit kurzem wieder der Kolkrabe. Im Bach
haben sich Forellen gehalten, und mit etwas Glück kann
man auch den Graureiher sehen. Von den früheren, am
Bachlauf existierenden Nitschen-, Rinn-, Reichen- und
Herfurthsmühle(n) sind nur noch spärliche Gebäudereste
vorhanden. Unterhalb des Lastauer Burgberges mündet
der Auenbach in die Mulde. Die Wegstrecke dieser Tour
beträgt etwa 10 km.

An dem Bergrücken links liegt das 1000jährige Lastau.
Unterhalb des Burgberges sind noch Gebäudeteile der
früheren Papierfabrik erhalten geblieben. In der Grün-
dungsurkunde dieser Papiermühle wird Colditz erstmals
schriftlich als Stadt erwähnt. Der entsprechende Passus
lautet: ,,Wir wollen, daß von unseren Nachfolgern fest
beobachtet werde, daß niemals zwischen unserer Stadt
Colditz bis zum Platze dieser Mühle eine weitere errichtet
werde." (24.Mai 1265)

Zu guter Letzt: Colditzer Legenden

Als frühester Chronist unserer Heimat gilt Bischof Thietmar von Merseburg (925-1018). Er hinterließ in seinen Aufzeichnungen auch die Mitteilung, daß er ,,in einem Colidici genannten Orte" begraben werden möchte. Lange Zeit glaubte man, unser Colditz sei gemeint. Erst vor wenigen Jahrzehnten fanden Forscher heraus, daß es sich bei dem auf dem alten Blatt kaum noch lesbaren Ort um Colbigk bei Bernburg handelt, wo es heute noch eine - im besagten Schriftstück miterwähnte - Magnuskirche gibt. Dieser Fakt deutet die Problematik solcher historischen Überlieferungen bzw. ihrer Interpretation an. Auch für die später entstandenen Colditzer Chroniken von Thamm, Kamprad und Bellger gilt Ähnliches, wenngleich sie allgemein als verläßlich angesehen werden.

Der Colditzer Volksmund hat relativ wenig absonderliche Histörchen hervorgebracht. Er beschränkt sich lediglich - aber dafür umso hartnäckiger - auf das Vorhandensein von unterirdischen Gängen, die angeblich die Stadt durchziehen und bis zur sagenhaften Burg Titibutzien auf dem Lastauer Burgberg führten. Vom Gipfel aus sollen weitere Stollen zum Rittergut Zollwitz, ja sogar bis Geringswalde hin existiert haben. Auf dem Burgberg hat es aber nie eine steinerne Burg gegeben, und mit dem Namen Titibutzien liegt ebenfalls eine Verwechslung vor. Die Erdwälle auf der Höhe konnten bislang nicht sicher datiert werden. Der zur 800-Jahr-Feier des Herrscherhauses Wettin 1889 errichtete Aussichtsturm ist inzwischen verfallen.

Trotzdem bleibt Freunden unserer Heimat unbenommen, beim Betrachten der Stadt und ihrer Umgebung der Phantasie freien Lauf zu lassen. Die Autoren des vorliegenden Stadtführers stützten sich in ihren Ausführungen wesentlich auf die Festschrift ,,700 Jahre Stadt Colditz" aus dem Jahre 1965. Damals ist von einem Kreis namhafter Wissenschaftler eine außerordentlich wertvolle Forschungsarbeit geleistet worden, die das Fundament neuerer Geschichtsbetrachtung unseres Heimatraumes gelegt hat.

Colditzer Zeittafel

7. Jh.	Slawische Siedlung am Furtweg
1046	Erste urkundliche Erwähnung der Region Colditz als Burgwardbezirk „Cholidistcha" im Südosten des Slawengaues Chutizi
1083	Der Burgward wird als kaiserliche Schenkung an Wiprecht von Groitzsch gegeben Suburbium im Bereich der Badergasse
1147	Colditz gelangt aus dem Groitzscher Erbe an die Staufer
1158	Kaiser Friedrich I. Barbarossa schlägt Colditz aus staufischem Hausgut zum pleißenländischen Reichsterritorium, Colditz wird damit wieder Reichsburg; Siedlung von Fernkaufleuten um die Nikolaikirche
1207	Muldenbrücke erwähnt Das reichsministerialische Geschlecht der Herren von Colditz betreibt Landesausbau
1265	In der Gründungsurkunde der Lastauer Mühle wird auch die Colditzer Burgmühle (spätere Amtsmühle) miterwähnt, dabei wird Colditz erstmals Stadt (civitas) genannt
1318	Herrschaftliche Colditzer Münze beurkundet
1368	Thimo VIII. sichert Colditzer Territorialmacht an der unteren Zwickauer Mulde gegenüber den meißnischen Markgrafen durch politische Anlehnung an Böhmen
1404	Kauf der Herrschaft Colditz durch die Wettiner Einrichtung eines Amtes Colditz
1430	Hussitische Eroberung von Burg und Stadt
1431	Erste Stadtverordnung (Willkür) mit Rechten und Pflichten der Colditzer Bürger
1456/82	Münze der Kurfürstinwitwe Margarethe von Österreich in Colditz
1459	Weber als erste Innung bestätigt (1511 folgen Schuhmacher, 1571 Bäcker, 1576 Böttcher, 1586 Schlosser, erst 1796 die Töpfer)

1483	Reformator Wenceslaus Linck in Colditz geboren
1485	Bei der Leipziger Teilung des wettinischen Besitzes kommt Colditz zur Wittenberger ernestinischen Linie, deren Begründer Kurfürst Ernst im Folgejahr in dem von ihm 1464 begonnenen Colditzer Schloßbau stirbt
1492	Das Dorf Leupahn wird erster feudaler Grundbesitz der Stadt
1504	Großer Stadtbrand, Neuaufbau der fünf Stadttore bis 1527 und Beginn des langwierigen Umbaus der Burg Colditz zum Schloß
1514	Colditz wird schriftsässig, erwirbt 1557 die Obergerichtsbarkeit
1518	Einführung der Reformation im ernestinischen Colditz, St. Egidien wird Stadtkirche, die Nikolaikirche Friedhofskapelle
1523	Anlage des Tiergartens durch Kurfürst Friedrich den Weisen begonnen
1537/40	Neubau des im Jahre 1504 niedergebrannten Rathauses am heutigen Platz, Wiederaufbau nach schwedischer Zerstörung bis 1657
1542	Erste öffentliche Trinkwasserversorgung durch Röhrbrunnen
1547	Colditz kommt zur albertinischen, kurfürstlichen Linie der Wettiner
1564	Neueinrichtung der Knabenschule am Kirchplatz, Mädchenschule 1615 in der Schloßgasse
1578/91	Renaissancebau des Schlosses, beliebter Jagdaufenthaltsort des kursächsischen Hofes
1581	Colditz zählt 2100 Einwohner (einschließlich der eingepfarrten Dörfer)
1602/22	Witwensitz der Kurfürstin Sophie von Sachsen in Colditz und Rochlitz
1607/08	Einer Pestepidemie fallen 428 Personen zum Opfer
1624/26	Der Tiergarten wird unter Kurfürst Johann Georg I. erweitert und ummauert
1632	567 Typhus-Tote in der Stadt
1635/37	Großbrände in Colditz

1684	Der Mitbegründer der Bibliotheks-wissenschaft und Numismatik Johann David Köhler wird in Colditz geboren
1698/99	Colditz erhält eine Poststation der „Freiberger fahrenden Post" an der Strecke nach Leipzig
1708	Erste Lieferung Colditzer Tones für Böttgers Dresdner Experimente, Porzellan herzustellen
1750	Großbrand in der Stadt
1756	Letzte Hinrichtung: auf dem Communenanger wird Martin Rudolph geradebrecht
1800/03	Das Schloß wird Armenhaus, dann als Landesarbeitshaus eingerichtet
1804	Erste Colditzer Steingutfabrik von S. G. Thomsberger nimmt Produktion auf, 1841 kommt die zweite von C. A. Zschau hinzu
1811	Am Amtsmühlgraben richten Whitfield und Felgenbauer eine Baumwollspinnerei ein
1813	Gefecht vom 6. Mai auf der Gersdorfer Höhe
1816	In der Kattunfabrique wird Sachsens größte Kunstbleiche eingerichtet
1823/24	Abriß der Stadttore und Neubau der von den Franzosen abgebrannten Muldenbrücke als Holzträgerbrücke auf drei gemauerten Brückenpfeilern aus Rochlitzer Stein
1826	Schlobach pachtet Amtsmühle (Kauf 1850)
1829	Schloß als Landesversorgungsanstalt für Geisteskranke eingerichtet Gründung des Musikvereins
1831	Zeitung „Colditzer Wochenblatt" erscheint
1845	„Allgemeiner Deutscher Turnverein, Colditz" gegründet
1847	Gesangsverein „Liedertafel" gegründet
1849	Colditzer „Fähnlein der Kommunalgarde" unter Anstaltsarzt Henry Theodor Legler nimmt an Dresdner Maikämpfen teil
1850	Landeskongreß der Porzellanarbeiter in Colditz
1858	Schlimmstes Muldenhochwasser in Colditz
1864	Neubauten auf der Vorburg im Stil der Neorenaissance

1874	Gründung des Heimatmuseums Erster sozialdemokratischer Verein in Colditz gebildet
1875	Colditz erhält Bahnanschluß durch die Muldentalbahn Glauchau-Wurzen
1877/79	Beginn der Bebauung der alten Nikolai-Vorstadt, Bau des Muldenwehres
1884	Neubau der Muldenbrücke mit steinernen Pfeilern und stählernen Segmentbögen
1889	Anläßlich der 800-Jahr-Feier des Hauses Wettin wird auf dem Lastauer Burgberg ein Aussichtsturm erbaut
1893	Erster Fernsprecher in Colditz
1895	Beginn der Elektrifizierung der Stadt mit der Nikolaistraße
1901	Erstes Colditzer Heimatfest und Bau des Heimatturmes
1904	Inbetriebnahme des Postamtes am Untermarkt
1908	Produktionsaufnahme in der ,,Steingut AG'', dem Vorläufer des Colditzer Porzellanwerkes
1910	Colditz zählt 5460 Einwohner
1914/18	220 Colditzer sterben auf den Schlachtfeldern des ersten Weltkrieges
1922	,,Colditzer Notgeld'' wird als inflationärer Ersatz für Kleingeld gedruckt
1926	Die Stadt feiert ihr zweites Heimatfest
1927/30	Pflasterung und Fußwege für die wichtigsten Colditzer Straßen
1932/33	Bau der heutigen Muldenbrücke aus Stahlbeton
1933/34	Konzentrationslager der SA im Schloß für 600 Antifaschisten eingerichtet
1935	Thumirnicht wird als erstes Dorf eingemeindet
1936/37	Reichsarbeitsdienst-Lager im Schloß
1938	Umzug des Städtischen Museums vom Schloß in die Tiergartenstraße
1939/45	Während des zweiten Weltkrieges fallen 250 Colditzer
1940/45	Gefangenenlager für Offiziere der westlichen Alliierten (Oflag IV C) im Schloß

1945	Am 16. April Einzug amerikanischer Truppen, am 7. Mai Einzug sowjetischer Verbände im östlichen Stadtteil, am 1. Juli verlassen die amerikanischen Truppen Colditz
1945	Nach Bodenreform im Schloß Sammelstelle für enteignete Rittergutsbesitzer
1946/48	Nach sächsischem Volksentscheid Enteignung von Betrieben und Überführung in VEB
1947	Etwa 3000 Umsiedler werden in der Stadt und ihren Nachbargemeinden untergebracht
1949	Im Schloß Krankenhaus und Altersheim eingerichtet; Jugendherberge am Hainberg
1950	Möseln wird eingemeindet
1954	Muldenhochwasser in der Stadt Einweihung des Waldbades im Tiergarten
1958	Bau der ersten Häuser durch die Arbeiter-Wohnungsbaugenossenschaft Erstes Colditzer Porzellan entsteht im vorherigen VEB Steingutwerk
1960	Drechsler verunglückt tödlich in Afrika
1965	700-Jahr-Feier der Stadt
1969	Brückenbau am Furtweg anstelle des Muldensteges
1974	Hohnbach wird eingemeindet
1975	Wohnungsbau in Thumirnicht
1978	Dem Städtischen Museum wird das „Köhlerhaus" angegliedert
1981	Schulbau am Wettiner Ring
1989	Heimatturm erhält Anbau und neue Krone 23. Oktober Friedensgebet in der Stadtkirche, anschließend Kundgebung auf dem Markt 5. November Einwohnerversammlung im Porzellanwerk, 6. November Montagsdemonstration von der Egidienkirche zum Kulturhaus
1990	Gründung des Europa Hauses Colditz
1990/91	Privatisierung vieler Unternehmen
1992/93	Gewerbegebiet am Färberberg entsteht Baulückenschließung in der Badergasse Wege- und Straßenneubau, Brückensanierung Rekonstruktion vieler Wohnhäuser

Dank für die finanzielle Unterstützung
bei der Herausgabe des Buches
gilt den Colditzer Unternehmen

Agip-Service-Station Thielemann

anona-nährmittel C. L. Schlobach GmbH

Autohaus Liemert

Bauelemente Panz

Colditzer Baugeschäft Hemmrich

Colditzer Türen u. Fenster GmbH

Mercedes-Benz Auto-Service Colditz GmbH

Möbel Petzold

E. A. Müller-Furnituren

Reiseunternehmen Bauer

C. R. Schlobach jr. Baufachhandelsgesellschaft

Steinzeugwerk Colditz GmbH

Vereinigte Porzellanwerke
    Carl Schumann GmbH Colditz

Bücher aus dem Sax-Verlag Beucha

Stadtführer Leipzig

von Lutz Heydick
84 Seiten, 5.- DM, ISBN 3-9802997-0-8

Grimma und Muldental

von Rudolf Priemer
88 Seiten, 21 Zeichnungen, 2 farbige Karten
10.- DM, ISBN 3-9802997-1-6

Parthendörfer - Steinbrüche - Autobahnseen

Wandern um Machern, Beucha/Brandis und Naunhof
von Lutz Heydick
84 Seiten, 37 Zeichnungen, 2 farbige Karten
10.- DM, ISBN 3-9802997-2-4

Muldenländisches

von Otto Eduard Schmidt
76 Seiten, 27 Zeichnungen
14.80 DM, ISBN 3-9802997-5-9

Wandern im Wurzener Land

herausgegeben vom Landratsamt Wurzen
60 Seiten, 40 Farbfotos, farbige Wanderkarte
10.- DM, ISBN 3-9802997-4-0

Zu beziehen im Buchhandel oder direkt vom Verlag:
unter der Anschrift:
Sax-Verlag Beucha
Waldweg 3
04824 Beucha